Coleção
Biblioteca
do Maçom

EDITORA MAÇÔNICA
A TROLHA

JEFFERSON SOARES DE CARVALHO

Os Caifazes

Editora Maçônica “A TROLHA” Ltda.
Rua Castro Alves, 264 – Jd. Shangri-lá A – Fone (43) 3337-1982
Fax (43) 3326-0915 – Cx. Postal 238
CEP 86001-970 – Londrina – PR

Londrina, janeiro de 2017

EDITORA MAÇÔNICA "A TROLHA" LTDA.
Rua Castro Alves, 264 – Jd. Shangri-lá A
CEP 86070-670 – Londrina – PR
Cx. Postal 238 – CEP 86001-970
Fone (43) **3337-1982** – Fax (43) **3326-0915**
Site: www.atrolha.com.br
E-mail: redacao@atrolha.com.br

Coordenação Geral:
Conselho Editorial

1ª Edição:
2017
Tiragem:
1.250 exemplares

Projeto Gráfico e Diagramação:
Maristela Meneghetti

Capa:
Ulisses Candreva

Revisão:
Maria Christina Ribeiro Boni

Impressão e acabamento:
Midiograf – Gráfica e Editora

Obediência: Grande Loja Maçônica do Estado de Goiás

DADOS INTERNACIONAIS DE CATALOGAÇÃO NA PUBLICAÇÃO (CIP-BRASIL)
CATALOGAÇÃO NA FONTE

C331c Carvalho, Jefferson Soares de.
Os caifazes / Jefferson Soares de Carvalho. -- 1ª ed. -- Londrina: Ed. Maçônica "A TROLHA", 2017.
192p.: il.; 14,21 cm. -- (Coleção Biblioteca do Maçom).

ISBN: 978-85-7252-360-8

1. Caifazes – Movimento antiescravista – São Paulo, 1870/1888. 2. Maçons – Abolicionistas – Movimentos sociais. 3. Escravidão – Brasil – Condições sociais. 4. Castro, Antonio Bento de Souza e, 1843-1898 – Abolicionista I. Título. II. Série.

CDD 320
CDU 326.4:061.236

Índices para Catálogo Sistemático:

1. Caifazes – Movimento antiescravista – São Paulo, 1870/1888.
   326.4:061.236 (CDU)
2. Maçons – Abolicionistas – Movimentos sociais.
   061.236:326.8 (CDU)
3. Escravidão – Brasil – Condições sociais.
   326(81)
4. Castro, Antonio Bento de Souza e, 1843-1898 – Abolicionista.
   326.4

"O Brasil é o café e o café é o negro"

Conselheiro Silveira Martins

Para a Cristal, seja muito bem-vinda!

Nunca se esqueça que há momentos em que se vive
por viver; há outros, em que se vive por sentir a vida.
Naquele, o mundo apenas se repete,
neste recria-se o mundo.

SUMÁRIO

APRESENTAÇÃO DOS EDITORES

A leitura deste livro nos proporciona um autêntico mergulho na história do Brasil. Lamentavelmente, observa-se a crescente predominância do narcisismo, individualismo, e o que é pior, somados à indiferença do Estado para com os importantes fatos históricos que marcaram sua época, não fazendo muita questão de serem relembrados. Massivas propagandas mercadológicas induzem o "novo", desmerecendo o "antigo" como ultrapassado.

Podemos até considerear certa procedência quando tratar-se de tecnologia, mas não há que se aceitar omissões e desconsiderações em relação à história sócio-política. Parafraseando Rui Barbosa, "*Não falsifica a História somente quem inverte a verdade, senão também quem a omite.*" Usar-se o fraco argumento de que o Maçom vive de histórias e glórias passadas é submeter-se a superficialidade.

> *... a Abolição não foi uma dádiva, mas uma conquista. O resultado de um longo processo de marchas e contramarchas, tergiversações, em que os negros e seus aliados tiveram que passar por aprendizados - o aprendizado da luta política, ao lado da participação em guerras de independência e de construção de nações - onde o preço da*

liberdade (sua e dos seus descendentes) resultou, muitas vezes, no preço da vida . Jaci Maria Ferraz de Menezes

Existiram, assim, duas fases na luta abolicionista: uma que se concentra na extinção do tráfico, para estancar a fonte de fornecimento de escravos; a segunda, voltada para o final da escravidão.

Sucessor de Luis Gama (1832-1882), o Maçom e jurista Antonio Bento e seu grupo, os Caifazes, ligados à Irmandade de Nossa Senhora do Rosário de São Paulo, se destaca no período de maior repressão às fugas e formação de quilombos, com mortes e repressão a movimentos de rua.

O autor Jefferson Soares de Carvalho nos brinda com o conteúdo deste livro, riquíssimo em detalhes, de suma importância para os leitores em geral, mostrando aos Brasileiros, que as mudanças sócio-políticas não acontecem por si só e nem, por acaso, exigem serem conquistadas.

Londrina, dezembro de 2016,

Os Editores

ANTONIO BENTO DE SOUSA E CASTRO

Filho de Bento Joaquim de Sousa e Castro e D. Henriqueta Viana Pereira Lima, nasceu na Rua São José, centro velho da cidade de São Paulo, em 17 de fevereiro de 1843.

Teve sete irmãos: Antonio Quirino, advogado, professor em Taubaté, no Colégio São João Evangelista. Clementino de Souza e Castro[1] foi juiz, Ministro do Tribunal e Intendente de São Paulo. Cerina, Baronesa de Itapetininga e, em segundas núpcias, Baronesa de Tatuí. Ana de Castro Lisboa, casada com o jornalista e Maçom José Maria Lisboa. Clementina, casada com Belizario Francisco Caldas; Fortunata de

ANTÔNIO BENTO

[1] Membro destacado da Loja *Piratininga*, auxiliava seu irmão, não só financeiramente, mas, também, escondendo escravos em sua casa. Colaborou com o Jornal *Correio Paulistano,* escrevendo sobre a República. Ao sair da intendência da prefeitura, desgostoso com os políticos, dedicou-se exclusivamente à Magistratura. Em 1895, escreve o livro *"Analyse do Projecto do Código do Processo Criminal do Estado de São Paulo"* . Foi membro efetivo da *Academia Real de Ciências e Artes de Bruxelas* e do *Instituto Histórico e Geográfico de São Paulo.* O bairro de Vila Clementina, em Vila Mariana, São Paulo, tem este nome em sua homenagem. Tinha ligação com a *"Bucha"*.

Souza Castro casada com Alexandre Honoré Marie Thiollier, proprietário da Casa Garraux, e Therezinha, que ficou solteira.

ANTONIO BENTO DE SOUZA E CASTRO (1843-1898)

Nesta época a escravidão era um comércio altamente rentável. Em 1843, pagava-se na África 30 mil réis/escravo, que era vendido no Brasil por 600 mil réis. Em 1845, na Inglaterra, sob influência da Maçonaria inglesa, vota-se a Lei Aberdeen, declarando o tráfico pirataria, com pena de morte e confisco dos bens. À simples vista de um navio, os traficantes jogavam os negros no mar. Os prejuízos aumentam, bem como o preço, os senhores de terras se endividam cada vez mais e começam a questionar o apoio ao tráfico.

Os constantes déficits do governo e a preservação da ordem que ameaçava a unidade nacional fazem com que o governo dependa cada vez mais dos grandes proprietários de escravos. O crescente poder político dessa classe está diretamente ligado ao crescimento das exportações de café que aumentava a receita do governo. Foi o café que permitiu ao governo combater e se sustentar, em meio aos movimentos armados que estouraram nas provícias de 1835/1849.

A produção de café, que em 1830 era 18% do total mundial, passa para mais de 51% em 1860. Em uma relação direta, a população negra na província de São Paulo, que em 1836 era de 78.858, em 1872 passa para 156.612, 8,7% da população.

Em 4 de setembro de 1850, é promulgada a Lei Eusébio de Queirós[2], proibindo o tráfico. A Marinha brasileira,

---

[2] Eusébio de Queirós Coutinho Matoso, um dos líderes do Partido Conservador, não se sabe quando foi Iniciado, mas um documento de 1855 atesta ele ter sido Maçom, Grau 33 e que a partir de 1885 foi Membro Honorário do Supremo Conselho do Brasil (Supremo Conselho Montezuma).

juntamente com a britânica, começa a exercer um efetivo patrulhamento da costa, acabando definitivamente com o tráfico que, em 1849, foi de 54.000 e em 1852, de apenas 700. O problema da mão de obra se acentuou, e as autoridades e os fazendeiros paulistas começam a se organizar para promover a imigração.

O Senador Nicolau Pereira de Campos Vergueiro[3], na fazenda Ibicaba, em Limeira, foi o primeiro a tentar o sistema de parceria. Em 1847, traz da Suíça e da Alemanha, 364 famílias. O fazendeiro paga as despesas de viagem dos imigrantes que pagam o fazendeiro com trabalho. O colono tinha o direito de plantar nas terras do fazendeiro, dando-lhe em troca parte da venda do café. O colono era obrigado a comprar os produtos para sua subsistência e ferramentas do próprio fazendeiro, que cobrava preços abusivos e aumentava sua dívida. Era uma forma de escravidão disfarçada. Os emigrantes vinham de outra realidade social, haviam participado da Revolução Industrial e de uma longa luta pelo fim da escravidão na Europa. Sem nunca conseguirem quitar o seu débito, sentiam-se como servos, relação social há muito extinta na Europa.

Os colonos se revoltaram em 1857. Ante a resistência do senador, se armaram e cercaram a sua casa. O senador foi obrigado a recuar e, com a mediação do cônsul da Suíça, foi instaurada uma sindicância.

O sistema de parceria foi praticamente abandonado. Os fazendeiros não renovaram os contratos e passaram para o sistema de trabalho assalariado. Criava-se assim uma nova

---

[3] Advogado e político. Foi juiz, deputado, Ministro do Império, Senador e Diretor da Faculdade de Direito. Instalado como Grão-Mestre do Grande Oriente do Passeio em 24 de julho de 1831.

realidade, a convivência do trabalho escravo e do trabalho assalariado.

Em 1850, é promulgada a Lei de Terras que limita o acesso dos imigrantes à propriedade da terra e, ao mesmo tempo, destina-as para formação de núcleos coloniais. Os pequenos lotes tinham preços elevados e os imigrantes tinham que se naturalizar e adotar o catolicismo como religião.

Segundo Ribert Avé-Lallem, em *Viagem pelo Sul do Brasil no Ano de 1858*, na população brasileira de 4.060.000 (22,16%), 2.660.000 (67,98%) eram negros ou mulatos (escravos ou livres) e 400.000 (9,85%) eram índios. A população branca vivia temerosa de uma revolta dos escravos.

Por outro lado, a imigração europeia amedrontava a Igreja no Brasil. Temiam que o Brasil passasse do catolicismo português, para uma europeia e protestante.

Com o fim do tráfico, inicia-se a maior migração forçada em toda a história brasileira, com a importação dos escravos nordestinos para o centro-sul. Entre 1864/1874, o número de escravos no nordeste caiu de 774.000 para 435.000. Nas regiões cafeeiras saltou de 645.000 para 809.000. Só em São Paulo passou de 80.000 para 174.000.

O preço dos escravos se eleva, entre 1855/1875 triplicou, ameaçando a economia açucareira e tornando impossível a expansão cafeeira, levando a promulgação da Lei Nabuco de Araújo, de 1854, proibindo o tráfico interprovincial.

Na década de 1860, as ideias abolicionistas começaram a ser discutidas abertamente. A escravidão era incompatível com o desenvolvimento do capitalismo e com a integração do Brasil ao mercado internacional. O Instituto dos Advogados manifestou-se contra a escravidão, considerando-a ilegítima pelo direito natural.

Membro da elite paulista, Antonio Bento matricula-se na Faculdade de Direito de São Paulo em 1864, formando--se pela turma nº 37. Provavelmente nessa época, tornara-se membro da "*Bucha*"[4].

A Faculdade de Direito sempre foi progressista, o *Correio Paulistano*, em 1857, noticiava a fundação, por seus alunos, da *Sociedade 11 de Agosto*, que tinha como "*Art.1º A Sociedade – 11 de Agosto – tem por fim a libertação de escravos*".

Em 17 de maio de 1865, o Maçom Francisco Jê Acaiaba de Montezuma, Visconde de Jequitinhonha[5], apresentou no Senado vários projetos de extinção da escravidão. Propunha ao fim de 10 anos a liberdade dos escravos maiores de 15 anos e ao fim de 15 anos a liberdade dos demais, com indenização para os senhores de escravos.

Em 1866, o governo declarou extinto o uso de escravos em obras públicas e concedeu liberdade aos escravos do governo que quisessem servir no exército.

Em 1866, Dom Pedro II assinou cartas de alforria para os que se alistassem na Guerra do Paraguai, e, em julho de 1866, recebeu correspondência do Comitê Francês de Emancipação, entidade organizada pelo Grande Oriente Francês, solicitando a libertação dos escravos. Respondeu que "*era*

---

4 *Burschenschaft* é uma sociedade de estudantes que surgiu em 1815, em Jena, com o objetivo de promover a unidade da Alemanha. Era formada por estudantes e os chamados "*Alte Herren*" ("*Antigos Rapazes*"), membros já formados, ajudando-se sob a divisa "*Fé, Esperança e Patriotismo*". No Brasil, a Bucha, surgiu em 1830 na Faculdade de Direito do Largo São Francisco, fundada pelo professor Julius Gottfried Ludwig Frank. Tinha como legenda "Fé, Esperança e Caridade". Seus membros, de maneira velada e anônima, ajudavam os estudantes que não se podiam manter. Era uma sociedade secreta, liberal e filantrópica com ideias liberais e republicanas. Os membros eram escolhidos entre os que revelassem firmeza de caráter, espírito filantrópico, amor a liberdade e aos estudos. Tinha uma estrutura sob a liderança de um Chaveiro, apoiado por um Conselho de Apóstolos e um Conselho dos Invisíveis (composto por membros já formados). A hierarquia estruturava-se em catecúmenos, crentes e apóstolos (num total de 12). O Iniciado fazia o seguinte juramento: "*Juro pela minha honra jamais*

uma questão de forma e oportunidade" e que, após a Guerra do Paraguai, a questão seria tratada com todo carinho.

O Imperador encomenda aos seus conselheiros uma proposta de extinção da escravidão. O projeto previa a libertação dos filhos das escravas e a criação de um fundo para a compra da liberdade. Para acalmar os fazendeiros, obrigava que os ex-escravos trabalhassem nas terras de seus ex-senhores. As discussões não avançaram, o Imperador é bastante criticado pela imprensa, os fazendeiros acusam-no de querer interferir nas relações escravistas e chegaram a ameaçá-lo com a perda do trono.

Desde jovem, Antonio Bento já era ousado e determinado. Na cerimônia de colação de grau, em 28 de novembro de 1868, deixou de agradecer ao Conselheiro Francisco Maria de Souza Furtado de Mendonça[6], professor na Faculdade e delegado de polícia, que se retirou da sala indignado.

Era Membro da Loja *Piratininga*[7], deve ter sido Iniciado entre 1° de julho de 1867 e 7 de agosto de 1869, pois após essa data a Loja adormeceu e não há registros nesse intervalo.

De maio a julho de 1869, muitos projetos são apresentados na Câmara dos Deputados que nem entravam em debate, mas havia certo consenso sobre a urgência de se discutir o fim

---

revelar a quem quer que seja o que me vai ser confiado hoje. Serei o mais infame dos homens se faltar a esse meu juramento." Inspirou a criação da *Tugendbund* na Faculdade de Direito do Recife; da *Landmanschaft* (1895), na Escola Politécnica de São Paulo; e da *Jugendschaft* (1913), na Faculdade de Medicina. Entre seus fundadores e primeiros membros estavam: Paulino José Soares de Souza (Visconde do Uruguai), Pimenta Bueno, Manuel Alves Alvim, Joaquim José Pacheco, Ildefonso Xavier Ferreira, Vicente Pires da Motta, Antonio Augusto de Queiroga, Antonio Joaquim Ribas, Mariano Rodrigues da Silva e Melo, Alexandrino dos Passos Ourique. Depois temos: Barão do Rio Branco, Visconde de Ouro Preto, Visconde do Rio Branco, Assis Brasil, Francisco Otaviano, João Pinheiro, Pedro Lessa, Bernardino de Campos, David Campista, Altino Arantes, Frederico Vergueiro Steidel, Cândido Mota, Bias Fortes, Paulo Nogueira Filho, José Carlos de Macedo Soares, César Vergueiro, Henrique Bayma, Spencer Vampré, Sebastião Soares de Faria, Antonio Carlos de Abreu Sodré, Francisco Morato, Waldemar Ferreira, Alcides Vidigal, Rafael Sampaio de Rezende, Abelardo Vergueiro

do trabalho escravo. Em 1869, uma lei proíbe o leilão público de escravos, a separação de escravos com menos de quinze anos de idade de suas mães e de marido e esposa.

O presidente da província de São Paulo nomeia Antonio Bento, promotor público de Botucatu. O *Gazeta de Campinas*, de 14 de novembro de 1869, noticiava: "*Foi removido o promotor da comarca de Botucatu, bacharel Antonio Bento de Sousa e Castro, para igual cargo na do Rio-Claro*". Depois é removido para Limeira.

Na Guerra do Paraguai, o exército brasileiro tinha tantos soldados negros, que motivaram a alcunha racista paraguaia de que formávamos "*um exército de macacos*". Quando voltaram, encontravam seus parentes submetidos a castigos e humilhações. As tensões entre o Exército e os políticos aumentaram porque muitos fazendeiros queriam que os soldados negros voltassem à condição de escravos.

Antonio Bento assume como Juiz em Atibaia, em 6 de março de 1871, onde reorganiza o Partido Conservador, do qual foi um dos chefes, e inicia a construção da Santa Casa Atibaia.

Além de Juiz, era o delegado de polícia e teve de

César, Álvares de Azevedo, Castro Alves, Fagundes Varela, José Tomás Pinto de Cerqueira. Oswald de Andrade diz que é a "*sociedade secreta da Faculdade de Direito que dirige os destinos políticos e financeiros de São Paulo e cuja chave é a Festa da Chave*". Carlos Lacerda, no *Jornal da Tarde* de 28/5/77, diz que dos presidentes civis da República Velha, apenas Epitácio Pessoa não foi da Bucha. "*E o fenômeno não tem nada demais, é o mesmo fenômeno da Maçonaria: uma sociedade secreta em que os sujeitos confiavam nos companheiros, vamos falar assim 'da mesma classe', que passam pelas faculdades, futuras elites dirigentes. Um dia, um sobe e chama o outro para ser governador, para ser secretário, para ser ministro e assim por diante*". Francisco Glicério, Américo de Campos e Rangel Pestana eram bucheiros que, ao lado de Júlio de Mesquita, fundaram o jornal *O Estado de S. Paulo*, um órgão oficial da Bucha. Consta que Júlio de Mesquita Filho foi "Chaveiro". Segundo Afonso Arinos de Melo Franco, filho de bucheiro, a *Comissão dos Cinco*, encarregada do anteprojeto da Constituição republicana, tinha três "bucheiros": Saldanha Marinho, Américo Brasiliense e Santos Werneck. Três ministros civis do governo provisório eram da Bucha: Rui Barbosa, Campos Sales e Quintino Bocaiúva. Carlos Lacerda indica que: "*Os bucheiros tinham um ideal liberal (...)*

enfrentar inúmeras ocorrências. Em 3 de abril, Antonio de Oliveira e Silva dá um tiro de garrucha no oficial de justiça Manoel Francisco do Prado, tendo sido preso e absolvido pelo júri. Em 23 de abril, Mariano Alves Pinto matou sua mulher, Anna do Sul, e foi preso e absolvido pelo júri. Em 19 de agosto, Joaquim, Julião, Germano e André, escravos do Tenente-Coronel José Francisco Malachias Coelho, assassinaram o feitor da fazenda. Foram presos e pronunciados no artigo 1° da Lei de 10 de junho de 1835. Em 8 de dezembro, foi encontrado em um ribeirão no bairro de Mato Dentro, o cadáver de um recém-nascido. Francisca de Tal confessou ser a mãe e que ele havia nascido morto. Ainda nesse ano, ocorreu a prisão de 154 escravos por bebedeira, arruaça, etc. e houve a fuga de 6 escravos no município.

Na Corte, o gabinete conservador do Visconde do Rio Branco[8], em 27 de setembro de 1871, aprova a Lei do Ventre Livre, libertando os filhos de escravos nascidos a partir dessa data. O proprietário poderia manter a criança junto aos pais até os oito anos, quando então poderia entregá-lo ao governo por uma indenização ou continuava com ele até que completasse 21 anos.

---

que depois tomou aqui, ali, certa feição conservadora. (...) na medida em que certos elementos conservadores foram predominando (...). Por exemplo, Liga Nacionalista, fundada entre outros pelo Julinho. Foi uma entidade criada dentro da 'Burschenfat' (sic). Me prometeram mostrar um discurso pronunciado pelo Rui Barbosa numa reunião secreta da 'Burschenfat' (sic) na qual ele aceita a candidatura pela campanha civilista. A 'Burschenfat' (sic), em última análise, foi, também, quem fez a campanha civilista. Há uns detalhes curiosos nisso (...) por exemplo, o 'Estado de S. Paulo', o jornal que nunca poupou ninguém que tenha colaborado com Getúlio. Sempre poupou dois homens que colaboram com Getúlio várias vezes no Ministério: Vicente Ráo e José Carlos Macedo Soares. Ora, amizade só?". Muitos bucheiros foram Maçons, tais como: Clemente Falcão de Souza Filho, Frederico Abranches, Martim Francisco Ribeiro de Andrada III, Clementino de Souza e Castro, Prudente de Morais, Américo Brasiliense, Joaquim Almeida Leite de Morais, José Eduardo Macedo Soares, Bernardino de Campos, Campos Sales, Ubaldino do Amaral, Rangel Pestana, Carlos Reis, Américo de Campos, Quirino dos Santos, Antonio Bento, Almeida Nogueira, Francisco Glicério, Pedro de Toledo, Carlos de Campos, Fausto Ferraz, Armando Prado, Marrey Júnior, Mario Tavares, Fontes Júnior, Júlio Prestes, Ataliba Leonel, Gabriel Rocha, J.A Gomide.

A lei foi um fracasso, os senhores de escravos continuaram a manter a criança em cativeiro após os oito anos. Foi criado um fundo de emancipação, que logo foi dilapidado. Muitos proprietários mandavam os recém-nascidos para instituições de caridade, onde eram vendidos por enfermeiras.

Criou-se, também, a matrícula obrigatória dos cativos, para melhor a cobrar os impostos. Os escravos não matriculados seriam considerados livres sem qualquer indenização. A lei reconhecia o direito do escravo de utilizar suas economias para comprar a liberdade. A grande inovação foi permitir acionar na justiça aquele que recusasse a conceder-lhe alforria, centenas de escravos recorreram à justiça para conseguirem a liberdade. A lei arrefece o movimento abolicionista, que só iria reativar-se em meados da década seguinte.

Polêmico e controverso, Antonio Bento sempre despachava a favor dos escravos, nomeava abolicionista para cargos de confiança e foi alvo do ódio de seus colegas, chegando, já no início de novembro de 1871, a sofrer um atentado. Em menos de um ano de sua jurisdição, o chefe de polícia da província, Sebastião José Pereira, já havia ido duas vezes a Atibaia, para sindicar ocorrências que envolviam Antonio Bento.

Na primeira, escreve, em 29 de novembro de 1871, um ofício ao presidente da província, dizendo:

---

[5] Em 12 de março de 1829, no exílio, recebe do Supremo Conselho dos Países Baixos, carta para instalar um Supremo Conselho do Rito Escocês Antigo e Aceito no Brasil. Instala o Supremo Conselho em 12 de novembro de 1832, recebendo o título de 1° Soberano Grande Comendador Brasileiro.

[6] (1812 – 1890) nascido em Luanda,pai dos escritores Lúcio e Salvador de Mendonça.

[7] A Loja foi fundada em 28/08/1850, sua carta patente foi assinada pelo Grão-Mestre Estadual do Grande Oriente de São Paulo, Marquês de Caxias.

[8] José Maria da Silva Paranhos, o maior estadista do segundo império, político, diplomata, Grão-Mestre do Grande Oriente do Brasil e Soberano Grande Comendador do Supremo Conselho do Rito Escocês Antigo e Aceito, de 1870/1880. Iniciado na Maçonaria por volta de 1840, Grau 33. Eleito Grão-Mestre do Grande Oriente do Brasil em 17 de março de 1870, enfrentou em 1871 a Quetão Religiosa e a dissidência provocada por Joaquim Saldanha iniciada em 1864 e terminada em 1882.

> *"Foi dado um tiro na janela da casa do Dr. Juiz municipal Antonio Bento de Souza e Castro (...). O oficial de justiça Benedito Alves Guimarães, homem de péssimos precedentes, e que já tem sofrido condenações por atentados contra a segurança individual, foi preso como suspeito de ser autor desse crime. O Dr. Antonio Bento deu queixa contra tal oficial de justiça, e contra o advogado Carlos Álvares da Cruz, considerando este mandante. (...) No processo não existem provas claras e positivas contra os acusados; porém existem indícios mais que suficientes para justificar uma pronúncia. (...)".*

O juiz de direito de Bragança Paulista, da qual Atibaia era termo, ao fazer sua avaliação semestral, informa que, em curto espaço de tempo, recebera uma queixa e três denúncias contra o juiz de Atibaia, além do grande número de inimizades que ele conquistara. Narra:

> *"ao fechar a janela de sua casa, às10 horas da noite, dispararam-lhe um tiro da rua, ficando toda a carga da espingarda na folha da janela, a 4 polegadas acima da sua altura. O atentado é atribuído a um advogado provisionado da Relação, com quem tinha constante desavença por lhe haver cassado o título, impossibilitando-o de advogar".*

Antonio Bento informou que suspeitava de Carlos Alvarez da Cruz, que havia declarado publicamente que mandaria matá-lo se publicasse nos jornais a sentença que o condenou à prisão, por "*bancarroteiro fraudulento*". Uma das testemunhas contou que fora chamado por Carlos, ele lhe pedira que identificasse quem era o juiz municipal, a um amigo seu que enviaria a Atibaia.

O relatório do presidente da província, de 2 de fevereiro de 1872, informava:

> *"Ainda no termo de Atibaia, às 10 horas da noite de 8 de Novembro, por ocasião do Juiz Municipal, Dr. Antonio Bento de Souza e Castro, fechar a janela da casa de sua residência, foi-lhe disparado um tiro, cujos projéteis ficaram cravados nos caixilhos e folhas da mesma janela. Instaurado o processo por queixa do ofendido, foram pronunciados o oficial de justiça Benedito Alves Guimarães, como executor, e o advogado Carlos Alvares da Cruz, como mandante do crime, no art. 192 do Código Criminal combinado com o art. 34. Os réus estão presos".*

O chefe de polícia, após ouvir as opiniões que alguns cidadãos tinham de Antonio Bento, estranhamente diz que era isento de paixões políticas, coisa pela qual seria acusado e difícil de ser verdade, sendo uns dos chefes e ativo militante do Partido Conservador na cidade:

> *"Consultei particularmente as pessoas consideradas de ambas as parcialidades políticas; ouvi alguns dos desafeiçoados do juiz, e de todos tive a seguinte resposta: – O Dr. Antonio Bento é honesto, é justiceiro, é bem intencionado, é isento de paixões políticas. Acrescentavam alguns: – mas imprudente, e arrebatado. Na verdade ele não tem a prudência e moderação que se deve desejar; diz o que pensa e o que sente, com franqueza um tanto rude; revolta-se contra os abusos, e ataca-os de frente; quer enfim reformar em um dia o mal de muitos anos; estes defeitos, em parte devidos a sua inexperiência de moço: hão de desaparecer ou minorar, e com a prática há de ele reconhecer que a energia não é incompatível com a prudência, e que os males crônicos demandam tempo para o curativo. O Dr. Antonio Bento tem alguns desafeiçoados, entre eles há quem procure a todo transe desconceituá-lo e expô-lo*

ao ódio público, mas tem também grande número de sustentadores, entre os quais constam-se pessoas muito distintas por seu critério e bem merecida influência local".

Informava, ainda, a forma corajosa, enérgica e afoita, com que ele administrava a justiça:

> *"Existiam no termo criminosos de homicídio que passeavam tranquilos à sombra de seus protetores, o juiz, sem atender aos desgostos que podia causar, os fez capturar, quatro dentre eles alegaram prescrição, tendo um – João Cubas – provado que residia há 21 anos no termo! Esses criminosos e seus protetores consideram perseguidos pelo juiz que com eles não compactuou, e que soube cumprir seu dever. Era também frequente o abuso de andar indivíduos armados sem licença, o juiz em pouco tempo o extinguiu, mas para o conseguir criou desafeições. O juiz procedeu irregularmente tomando armas, e deixando os delinquentes em paz. Seu dever era processar aqueles que andavam armados sem licença. Ele explicou-me este procedimento, alegando que os processos, além de vexatórios e dispendiosos, a indivíduos que em geral não tinham direta intenção de infringir a lei, ocupariam muito tempo, que podia ser melhor aplicado em outros ramos do serviço público; alegou também ser este o procedimento estabelecido por outras autoridades. (...) V. Exa. terá observado que as acusações feitas ao Dr. Antonio Bento referem-se ao seu procedimento no exercício das funções policiais; por ato de jurisdição civil, comercial ou orfanológica não tem sido acusado. Ele mesmo reconhece que o cargo de Delegado lhe tem acarretado desafeições, e pediu-me que obtivesse a sua exoneração (...)".*

Além de juiz, Antonio Bento acumulava a função de

delegado de polícia, nomeado em 9 de fevereiro de 1871, função que, segundo Pereira, provocava as desavenças. Recomenda a sua exoneração do cargo de delegado, pedida pelo próprio Antonio Bento, julgando que assim reinaria a tranquilidade e não restaria "*o mais ligeiro receio de que esta [fosse] perturbada*".

Sua recomendação foi atendida, mas sua previsão estava errada. Um mês depois, volta a Atibaia para investigar uma reclamação contra Antonio Bento feita pelo vice-cônsul da França, baseada em um abaixo-assinado de pessoas da cidade que protestavam contra a prisão de Jaime Dias, negociante francês que se recusara a pagar ao fiscal os impostos municipais. Quando solicitado a fazê-lo, partiu para "*insultos à autoridade*" e foi preso. O chefe de polícia, imparcial e honesto, diz que o abaixo assinado havia:

> *"adulterado a verdade (...) se diz que o delegado exigiu imposto triplicado; não é exato. Dias, além de ter casa aberta, tinha dois caixeiros a mascatear nas ruas; um vendia jóias e o outro fazendas, estava, pois, obrigado aos respectivos impostos da loja e da mascateação".*

Apura-se que quem escrevera a representação fora o arqui-inimigo de Antonio Bento:

> *"Foi Carlos Álvares da Cruz que escreveu essa representação como se verifica da confrontação da letra; foi ele um dos que assinou e que arranjou outras assinaturas; foi depois das discussões que tem ele tido com o Delegado que ela teve publicidade; essas razões explicam o azedume com que é concebida, e fazem crer que o fim principal é desconceituar a autoridade a quem Álvares vota manifesta inimizade. Não justifico o procedimento do Delegado.*

Ele não exorbitou auxiliando o Fiscal porque compete-lhe conhecer das infrações de posturas; mas procedeu irregularmente soltando Jaime Dias logo depois de o ter prendido. (...) Não lhe competia perdoar a injúria feita à autoridade. É verdade que ele diz ter assim procedido porque Jaime estava ébrio, mas essa circunstância, quando provada, só seria atendida para a atenuação da pena".

O chefe de polícia não tinha em boa conta Carlos Álvares da Cruz.

"É homem de maus precedentes, considerado por todos provocador e atrevido, que vota ao juiz implacável ódio por considerá-lo obstáculo aos seus interesses (...)."

Há um pedido sigiloso do Ministério dos Estrangeiros, solicitando informações sobre o resultado das diligências. Antonio Bento, absolvido, deixa de exercer o cargo de delegado de polícia um ano depois.

No surto de varíola de 1872, Antonio Bento, demonstrando sua preocupação, conseguiu arrecadar, entre os moradores que permaneceram na cidade, uma pequena quantia destinada a cuidar dos doentes pobres, completando as despesas do seu próprio bolso. Vemos seu elevado espírito de benemerência no trecho de sua carta enviada ao presidente da província:

"Pode V. E. conhecer que esta pequena quantia obriga-me a gastar do meu minguado e insignificante ordenado que mal dá para minha subsistência. Eu bem vejo que não me compete policiar a cidade, mas, como cristão que sou, não posso deixar perecer os pobres, que são os que mais sofrem nas epidemias; enquanto não der providências, pesam sobre mim essas despesas".

Em 1872, é realizado o primeiro censo demográfico do

Brasil, mostrando que os escravos, que, um dia, foram maioria, agora constituíam apenas 15% da população brasileira. O Brasil contou uma população de 9.930.478 pessoas, sendo 1.510.806 escravos e 8.419.672 homens livres.

Nos anos seguintes à Lei do Ventre Livre, as Lojas Maçônicas mantiveram-se à frente das ações de libertação dos escravos. Advogados patrocinados por elas utilizavam-se dos artifícios legais para a alforria de cativos e, quando precisavam pressionar os juízes ou mobilizar a opinião pública, usavam a imprensa que se transformara em um instrumento fundamental na luta abolicionista.

Por essa época, D. Pedro II liberta os escravos de sua propriedade particular, no que é acompanhado por muitos proprietários. Em 1885, a população escrava no Brasil era de 800.000.

Graças ao trabalho político de Antonio Bento, na eleição municipal de 18 de novembro de 1872, apesar de ter ocorrido um grande conflito entre os conservadores e liberais, os conservadores ganham as eleições.

As desavenças, conflitos e inimizades continuaram. Em 1873, a casa do delegado José Amaral Lacerda foi invadida por um homem armado, ele só escapou porque estava na casa de Antonio Bento. Uma testemunha declarou ter ouvido, em uma venda, dois sujeitos dizerem:

> *"o Dr. Antonio Bento já tinha tomado dois tiros e não escapava do terceiro, e que também era preciso sair o capitão Lacerda de delegado, visto que estavam tirando todo o comércio do lugar (...)".*

Antonio Bento, por sua personalidade, atitudes e participação política, mexia com muitos interesses e não era bem visto por muitas pessoas importantes da cidade e pelos administradores da província. O juiz de direito do termo é bem claro em uma de suas avaliações:

> *"O bacharel Antonio Bento de Souza e Castro, absolvido em dois processos de responsabilidade pela Relação do Distrito, ainda tem um pendente por queixa dada por Carlos Álvares da Cruz, e diversas portarias, e despachos em auto para que sejam instaurados novos processos de responsabilidade, de desobediência a seus superiores, mostrando-se sempre insubordinado, pouco zeloso no cumprimento de seus deveres, tornando-se juiz político, fazendo garbo de abusos de autoridade, mormente depois de absolvido pela Relação, de ter a seu favor alta proteção, tornando-se por seus atos, por seu temperamento colérico e pouco refletido bastante mente inimizado [sic] no termo em que exerce jurisdição, e reunindo a estes defeitos a nenhuma aplicação e conhecimento das matérias de direito. Vai assim vencendo o tempo de seu quatriênio com paciência e resignação de seus jurisdicionados, que pela maior parte o consideram louco. (...)".*

Não se sabe por que o juiz omitiu que o chefe de polícia conduzia um inquérito contra Antonio Bento, que raptara uma moça menor de 16 anos da casa de seus pais, com quem passou a viver, causando grande escândalo na cidade.

Antonio Bento sofreu outro atentado em 20 de setembro de 1874, no relatório ao presidente da província, o chefe de polícia informava:

> *"Na noite de 20 de setembro tentaram contra a vida do Bacharel Antonio Bento de Souza e Castro, Juiz Municipal do Têrmo. Recebeu, quando se recolhia para sua casa, um tiro à queima-roupa, que lhe produziu graves ofensas no crâneo. O ofendido atribuiu logo o fato a*

Antonio Joaquim do Prado, conhecido por Ubatuba, que o acompanhara por algum tempo e até trocara palavras. Na presença da autoridade local, negou o fato; mas V. Exc. sabe que me transportando por sua ordem àquela cidade, e acompanhando os atos do inquérito, consegui que o indiciado, contra a reinteradas negativas que dera, confessasse o fato, de que se fizera mandatário pela miserável quantia de 60$000, sendo mandante Albino José Barbosa. O inquérito teve o devido andamento, sendo interrogadas 24 testemunhas, e já estão pronunciados os verdadeiros culpados. À disposição da autoridade deixei alguma força para garanti-la nas diligências que tivesse de proceder e auxiliar a autoridade judiciária".

Sem o apoio de seus superiores e de grande parte das pessoas importantes de Atibaia, era praticamente impossível Antonio Bento manter-se no cargo. Um ano antes de vencer o quatriênio de sua magistratura, em 1874, o juiz de Bragança Paulista apresenta ao presidente da província uma lista de reclamações contra ele, anexando documentos que provavam atos irregulares. O governo avaliou a documentação e mandou-a para o Ministério da Justiça; será o fim de sua carreira na magistratura.

É bom ressaltar que em nenhum dos ofícios, sindicâncias e avaliações, dos conflitos e desavenças que o envolveram, é mencionada qualquer relação com a propaganda de ideias ou atuações abolicionistas. Parece que os problemas originavam-se por afrontar os interesses políticos e pessoais das oligarquias locais afrontadas pelo recém-chegado juiz de primeira instância, que se arrogava no direito de exercer influência sobre seus domínios.

Analisando alguns dos processos que tratavam da

liberdade de escravos, vemos que tomava uma atitude de independência, orientando-se muito mais pelas suas "*razões*" do que pela letra da lei, atropelando as formalidades jurídicas, pulando etapas fundamentais do julgamento, muitas vezes pronunciando-se a favor da liberdade antes de serem ouvidas as partes contrárias. Lidando com autoridades locais e disputas pessoais, ignorava preceitos e normas jurídicas em suas decisões.

Em agosto de 1872, o advogado José de Paula Machado alega que Fortunato Manuel Rodrigues mantinha a africana Leonor, escravizada ilegalmente, por ser importada depois da Lei 7 de novembro de 1831. Conhecida como uma "*lei para inglês ver*", por nunca ter sido efetivamente posta em prática, não era aplicada nos tribunais, muitos a consideravam uma lei caduca e revogada pela de 1850. Entretanto, no mesmo dia em que recebeu a petição, Antonio Bento mandou apreender a escrava e entregou-a ao solicitador da causa, como curador e depositário da cativa[9]. Meses depois o senhor da escrava reclama seu "*sagrado direito à propriedade*", ao juiz substituto em exercício, Jacinto Manuel Leite, aproveitando para acusar Antonio Bento:

> *"(...) pelo falso motivo de ser africana livre, sendo certo que este ato não foi mais do que uma medida eleitoral, não só porque aquele Dr. declarava publicamente que havia de vencer a eleição, que se fez em agosto, libertando escravos dos liberais, como também a apreensão e depósito foram feitos dois dias antes da mesma eleição.*

---

9 A postura de Antonio Bento frente à alegação de liberdade fundamentada na Lei de 1831 foi diametralmente oposta à que, no mesmo período, tomara o juiz municipal Santos Camargo na capital, nas ações com esses mesmos fundamentos jurídicos propostas por Luiz Gama e Américo de Campos.

Se fosse um mero ato de justiça, seriam feitos muito antes ou depois da eleição. (...)".

Argumentava que tantos meses após a apreensão, nenhuma ação fora demandada contra ele, "*prova plena*" de serem os motivos do juiz puramente político partidário. Que se não é um atentado contra a propriedade, sua negligência só poderia ser um atentado à liberdade, por não ter providenciado ação alguma para que Leonor pudesse ser definitivamente declarada livre. Na verdade, era uma estratégia que Antonio Bento utilizava e garantia que a africana passasse a viver como livre, sem precisar de um julgamento.

O juiz dá o prazo de 15 dias para que o curador entrasse com a ação de liberdade. Paula Machado responde que estava "*mal de saúde*", precisando ir a São Paulo para "*consultar médico*", sem condições de continuar sendo o curador, e pede para ser exonerado. O advogado Olimpio da Paixão[10] passa a ser o novo curador.

Olimpio Paixão fora colega de faculdade de Antonio Bento, se formara em 30 de novembro de 1868. Era companheiro de Luiz Gama e Américo de Campos[11], membro

---

[10] Ocupara o cargo de Orador na Loja *América*. Vindo para Atibaia, passou o cargo para Luiz Gama. Em 1869, inaugurou em São Paulo, juntamente com Luiz Gama, uma escola gratuita para crianças e um curso noturno para adultos. Em 23/6/1873, foi eleito representante para o Congresso Republicano Provincial. Foi vereador de 1883/1886. Em 1883, por sua indicação, a Praça Largo Alegre passou a chamar Largo Municipal. Em 15/4/1886, ele e outros vereadores batem-se duramente na Câmara Municipal pela libertação dos escravos. Ele possuía uma chácara na estrada de Caetetuba, onde existia um grupo abolicionista e servia de ponto de pouso para os escravos foragidos. Em 21/11/1889, a Câmara Municipal adere à recém-proclamada República, com passeata pela cidade, promovida por ele. Em 5 de dezembro, encabeça uma moção enviada ao governador da província, Prudente de Moraes, solidarizando-se com o novo regime. Em 21/1/1890, é presidente do Conselho de Intendência que foi o órgão Legislativo Municipal até 29/09/1892. Em 05 de agosto, circula a primeira edição do primeiro jornal da cidade, *O Itapetinga*, no qual era redator político.

[11] Político, jornalista, abolicionista e republicano. Iniciado quando estudante de Direito em São Paulo, provavelmente na Loja *A Amizade*, filiado à Loja *América* em 15/7/1870. Foi ele que levou o maestro Carlos Gomes para iniciar na Loja *Amizade* em 24/7/1859. Diz a Ata:

do *Clube Radical Paulistano* e fundador da Loja Maçônica *América*[12].

Também, sem tomar nenhuma providência, ao ser intimado, declara não poder se encarregar da tarefa, por haver "*dificuldades insuperáveis*" na obtenção de documentos. "*(...) e ainda mais porque em sua consciência lhe é repugnante advogar causas como a presente, onde o fim não é o da justiça, e sim caprichoso meio de perseguição política*".

Como Olimpio Paixão, um colega de turma da Faculdade de Antonio Bento, Maçom e abolicionista como ele, pôde endossar as acusações do senhor da escrava? Devemos ter em vista que ele convivera com aqueles que seriam os fundadores do Partido Republicano e, em Atibaia, não havia como uma pessoa na sua posição ficar imune às disputas e inimizades políticas. Por mais que apoiasse Antonio Bento, em relação à africana Leonor, não pode deixar de manifestar as divergências político-partidárias que tinha com ele, já que Antonio Bento era monarquista e ele um republicano convicto. É possível que Antonio Bento, eleitor do Partido Conservador,

---

"*Sessão do 24° dia do 5° mez do Anno de 5859. Hé aberta a loja [...] com as formalidades de Sentilo para haver número sufficiente de Irmão: passada Sessão.: não se lê por não estar prezente o Irmão: Secretário: nem o Adjunto – A visita feita em família pelo Irmão do grau 3°: há applaudida, retribuída e não coberta [...] o profano Antonio Carlos Gomes e José Pedro de Sannt'Anna Gomes aos quaes havião sido favoráveis os escrutios, disposta a loja em pezo na iniciação dos mesmos, depois das provas e formalidades virão a luz, prestarão juramento, forão proclamados e tomaram assento no topo da columna do Meio-Dia. Estas brilhantes aquizições são applaudidas, correspondidos os applauso: e não cobertos*".

12 Fundada em 9/11/1869, pelos Irm∴ *Dr. Antonio Carlos Ribeiro de Andrada Machado e Silva*, lente da Faculdade de Direito de São Paulo; *Vicente Rodrigues da Silva*, negociante; *Dr. Inácio Aquiles Betoldi*, médico de origem italiana, filantropo e cidadão respeitável; *Dr. Salvador Furtado de Mendonça Drummond*, advogado, jornalista e republicano; *Rufino Mariano de Barros*, negociante; *Dr. José Maria de Andrade*, advogado; *Dr. Olímpio da Paixão*, advogado; *Ciríaco Antonio dos Santos e Silva*, funcionário público; *Antonio Louzada Antunes*, funcionário público; *Joaquim Tavares Guerra*, estudante; *Jerônimo José de Andrade*, negociante. Regularizada em 7/6/1869, sob os auspícios do Grande Oriente do Brasil do Vale dos Beneditinos.

tenha usado da estratégia da qual foi acusado pelo senhor de Leonor, que era do Partido Liberal.

A disputa política era tão exacerbada e polarizada em Atibaia que, quando houve as denúncias de irregularidades contra Antonio Bento, o inquérito foi feito de maneira facciosa pelos Liberais e o Juiz da Comarca de Bragança teve que nomear um juiz ad-hoc para, de maneira imparcial, proferir a sentença. Escolheu o independente e reservado João Carlos de Oliveira, reconhecidamente honesto, íntegro, despido de paixões, de preconceitos e que estava acima dos partidos em luta. Ele declinou da investidura, pois, apesar de sua inteireza moral, não queria julgar um Juiz.

Ainda em 1872, José de Paula Machado solicitou ao juiz municipal suplente Manuel Leite, apresentando o respectivo pecúlio, a liberdade de Teodoro, escravo de Henriqueta Viana Pereira Lima, mãe de Antonio Bento, residente em São Paulo e que era alugado "*ao seu senhor moço Antonio Bento*". José de Paula é nomeado seu curador e Antonio Bento, seu depositário. A senhora e o escravo entraram em acordo quanto ao valor a ser pago pela liberdade, evitando assim a continuidade do litígio judicial.

Nota-se que havia uma clara divisão de tarefas e aliança entre José de Paula Machado e Antonio Bento, nas ações judiciais. Paula Machado teve uma atuação expressiva como solicitador de ações de liberdade sendo, na maioria das vezes, o curador dos que demandavam em juízo. Ainda em 1872, impetrou nova ação sustentada na Lei de 1831, alegando que o escravo Mathias encontrava-se em escravidão ilegal. Antonio Bento recebeu e deu andamento à petição. Depois da inquirição de três testemunhas, os autos foram para a instância superior, o juiz de Bragança Paulista a indefere alegando:

> *"(...) não podendo juridicamente considerar ação de liberdade uma mera justificação autorizada pelo despacho [do juiz municipal] à folha 3 na qual um advogado que se declara curador pretende provar, que o preto Mathias, escravo de D. Elisa, viúva de Cardoso, é livre por ser importado ao Brasil depois da lei de 1831, por maiores que sejam os favores outorgados pelas leis às causas de liberdade, que, sendo como o são sumárias, não podem dispensar formas essenciais (...)".*

De volta à 1ª instância, a ação é julgada pelo juiz suplente Manuel Leite. Após colher depoimentos que provavam que Mathias tinha sido importado depois da data da lei, sem maiores explicações e seguindo as recomendações do juiz de Bragança Paulista, arbitra o valor do escravo. Desconsiderou a denúncia sobre a ilegalidade da escravidão e deixou claro que a alforria só seria conseguida mediante a indenização da proprietária.

Paula Machado, ignorando a instância superior, requer nos termos da Lei de 1831, que Antonio Bento conceda a "*manumissão imediata*" de Mathias, "*de próprio ofício de juízo*", por estar provado que o "*suplicante é de condição livre e está mantido em cativeiro criminoso*". Sem solicitar a apresentação de qualquer documento por parte da proprietária, Antonio Bento manda arquivar os autos e libertar Mathias.

Passando por cima de decisões da instância superior, Antonio Bento mostrava seu apoio às interpretações sobre a lei de 1831, conforme vinham sendo aplicadas nos tribunais da capital. A maneira com que ignorou o despacho de seu superior mostra que pouco se importava com as formalidades legais. Nos processos encontrados em que ele proferiu sentença, percebe-se, se não uma postura francamente abolicionista, ao menos uma predisposição em julgar sumariamente a favor dos escravos, muitas vezes extrapolando a ordenação jurídica.

Em 1873, por exemplo, os escravos Henrique, Antonia, Joana e Benedita alegaram que haviam sido alforriados de viva voz pelo seu senhor, na presença de seis testemunhas, minutos antes de sua morte. O advogado requereu curador e a citação dos herdeiros, bem como a "*manutenção de liberdade*" aos peticionários. O pedido foi prontamente atendido por Antonio Bento, que, antes mesmo de ouvir as testemunhas e julgar a ação, concedeu o mandado de manutenção de liberdade. O advogado dos herdeiros protestou em sua petição que os escravos "*obtiveram mandado de manutenção de liberdade, sem terem em tempo algum gozado da liberdade, pois que até hoje têm sido cativos, e sem terem ao menos direito à liberdade, visto que o direito que alegaram depende de prova futura e duvidosa (...)*".

Sugeriam ao juiz que substituísse a manutenção de liberdade pelo depósito judicial, ato primeiro a ser seguido quando um cativo litigava em juízo com seu senhor. O curador foi obrigado a concordar, pelo menos em parte, com a alegação. Dizia ser certo que somente depois da sentença proferida em juízo é que o testamento passaria a vigorar; portanto, só depois deste ato é que Henrique e seus amigos poderiam ser declarados livres. Até então, eles permaneceriam em "*seu primitivo estado*". Quanto à manutenção dizia que o "*estado de liberdade se presume por natural*"; sendo assim, os escravos poderiam ser manutenidos em um direito que lhes era garantido pela natureza. Antonio Bento despacha:

> *"em vista das razões oferecidas pelo curador (...) e sendo também aos argumentos a favor da liberdade mais valiosos, indefiro (...) a petição dos herdeiros".*

Mesmo diante de argumentos, ele mantinha sua posição, decidindo sempre contra a escravidão. Essa postura é recorrente e é observada no processo em que a escrava Marcelina requeria liberdade por haver recebido a alforria de seu senhor por escritura pública firmada em cartório, com a condição de servi-lo até a sua morte. Três anos depois, seu senhor a vendeu, declarando ter revogado a liberdade concedida e que a escritura não representava sua intenção, mas somente "*uma promessa.*" Antonio Bento, em sentença, afirma:

> *"considerando finalmente que são mais fortes e de maior consideração as razões que há a favor da liberdade do que as que podem fazer justo o cativeiro (Lei de 10 de abril de 1680), e que em favor dela também são muitas as causas outorgadas contra as regras gerais como se exprime o legislador nas Ordenações do Livro 4o Título 34 por isso e por todas essas razões (...) julgo liberta a preta Marcelina (...)".*

Por outro lado, há vários casos em que escravos fugidos eram ressarcidos a seus senhores, sem que ele lhes impusesse maiores obstáculos. Nos autos de Manoel, "*negro de Nação Moçambique*", preso como fugido em abril de 1871, Manoel declarou que fugira não "*por motivo de ter crime algum*", mas por medo de ser castigado com rigor "*pelo fato de ter quebrado uma talha que seu senhor mandara lavar para depositar água*". Na escritura de compra e venda apresentada constava que Manoel tinha 45 anos, portanto, importado antes da Lei de 1831, o que poderia gerar algumas investigações e um eventual processo em favor da liberdade. Entretanto, ele foi logo devolvido ao seu senhor.

O mesmo aconteceu à escrava Maria, que teve o requerimento de seu senhor prontamente atendido.

> *"(...) ausentando [-se] ontem de sua chácara a escrava de nome Maria levando consigo um filho menor de nome Amâncio, soube que a mesma se apresentara a V.sa. protestando não querer regressar para casa de seus senhores, e como fosse a mesma recolhida na prisão como fugida à ordem de Vsa. requer o suplicante (...) que se entregue a escrava (...)".*

A ligação com as questões que defendia, fossem de política partidária ou de liberdade dos escravos, a falta de apego aos textos legais, mostra-nos sua falta de imparcialidade e equilíbrio que deve ter um magistrado. Sem o apoio das autoridades da província e sob as pressões dos desafetos, é exonerado "*a bem do serviço público*" em 1875.

A partir daí, livre das amarras de servidor público, se tornaria ativo militante, entregando-se totalmente ao movimento abolicionista. Independente, possuidor de alguma fortuna, religioso, cristão sensível às dores do próximo, era, contudo, um espírito sobranceiro, caprichoso e agressivo. Tornar-se-á o baluarte da luta abolicionista, em sua modéstia saberá conduzir-se e conduzir, realizando com atitude, coragem, desprendimento e resignação feitos épicos e gloriosos.

Vai para São Paulo em 1877, trabalha como advogado e jornalista. Reorganiza a Irmandade de Nossa Senhora dos Remédios e, como seu provedor, transforma-a em um poderoso instrumento de propaganda abolicionista. Nela mantinha um museu onde expunha os instrumentos de suplício usados nos escravos e uma escola.

Situada na Praça João Mendes, a Irmandade era o refúgio dos escravos perseguidos e, nos últimos tempos do Império, o reduto preferido dos abolicionistas. Um verdadeiro clube revolucionário onde se discutiam as diretrizes da campanha e as ousadas ações promovidas pelo grupo. Sempre que chegava alguma notícia de maus tratos a escravos, os membros organizavam um plano para negociarem as alforrias com o senhor ou promoverem uma fuga em massa.

Antonio Bento, como provedor, tinha fácil contato com os membros das outras confrarias, sua Loja Maçônica de *Piratininga* era estreitamente ligada à Irmandade de Nossa Senhora dos Remédios, ao mesmo tempo integrava as confrarias de Nossa Senhora do Rosário, Santa Elesbão e Santa Efigênia.

Essas associações leigas, geralmente sediadas em igrejas, se constituíam em um importante espaço de sociabilidade. No Brasil, uniam as categorias raciais e sociais e não profissionais. Seus membros compartilhavam de uma mesma identidade e fechavam-se em torno desse espaço de culto religioso onde o escravo podia manifestar-se fora de suas relações de trabalho, eram os únicos canais possíveis de organização, permitido dentro da legalidade, dos escravos dentro do sistema escravagista. Esse fato é fundamental para entender o papel das irmandades como veículo de identidade sócio-racial e instrumento de defesa dos interesses do grupo. Nelas, além de aprender a doutrina cristã, os africanos conviviam com outros africanos que falavam a mesma língua e compartilhavam lembranças da terra natal. Nas celebrações, o sagrado e o profano se entrelaçavam. As irmandades representavam para os cativos uma das poucas vias sociais de acesso à experiência de liberdade, ao reconhecimento social e à possibilidade de formas de autogestão.

Existiam irmandades que apresentavam uma composição social variada, como as irmandades de São Benedito e de Nossa Senhora do Rosário, onde se congregavam homens pobres e negros, escravos ou libertos.

Além do culto católico, o objetivo principal da irmandade era promover a ajuda mútua e socorrer os irmãos em dificuldades, principalmente os escravos incapacitados e abandonados pelos senhores. Visitavam os doentes, assistiam os necessitados e auxiliavam na hora da morte, garantindo um funeral decente e enterro em local consagrado para si e familiares.

Os senhores, para demonstrar prestígio social, faziam doações significativas a essas irmandades e pagavam as taxas de filiação e anuidades de seus escravos. Algumas irmandades emprestavam dinheiro para a compra de alforrias.

As Lojas maçônicas também se constituíram em importantes espaços de discussões e ações antiescravistas. Tribuna livre, sem o radicalismo das associações libertadoras, auxiliava escravos a conquistarem suas alforrias. A Loja *América* mantinha um fundo dedicado à emancipação de escravos e financiava ações de liberdade. Direcionava os advogados Maçons para defenderem os escravos e pagavam os custos judiciais.

Antonio Bento era uma figura singular, estranha e excêntrica, tanto fisicamente como no modo de vestir-se, sem nada do garbo e altivez dos bacharéis de direito da época. Um dos seus companheiros de luta assim o descreveu:

> *"Seu aspecto pouco vulgar atraía logo a atenção: alto, não muito; os óculos escuros, o grande e abundante cavanhaque preto produziam impressionantes efeitos de claro-escuro sobre o rosto extremamente branco. Usava chapéu de abas largas e saía à rua frequentemente envolvido em uma ampla capa negra".*

Logo após a abolição da escravidão, um redator do

jornal *A Liberdade* o vira pelas ruas envolto "*em uma capa espanhola, com o chapéu de abas largas*" e "*com o olhar velado pelos vidros escuros dos inseparáveis óculos*". Para ele, tratava-se de uma "*aparência de modéstia e despreocupação*", que tornava ainda maior a figura moldada por "*um temperamento de aço e um arrocho só comparável à grandiosa obra que realizou*"; para outros, entretanto, com clara antipatia por sua atuação do magistrado – aproximando-o de um simples fazendeiro, "*homem rude do sertão*", como definia o redator do *O Estado de S. Paulo* em seu obituário.

Raul de Pompéia, no dia de sua morte, assim o descreveu na *Gazeta de Notícias* de 27 de agosto de 1888:

> "*magro, estreitado, do tornozelo à orelha, no longo capote preto como num tubo, chapéu alto, cabeça inclinada, mãos nos bolsos, quebrando contra o peito pela fenda da gola o rijo cavaignac de arame, o olhar disfarçado nos óculos azuis como uma lâmina no estojo, marcha retilínea de passo igual tirado sobre articulações metálicas (...)*" E completa: "*depois da data de maio, Antonio Bento engordou pessoalmente*", e a sua "*magreza expressiva*" havia dado lugar à "*carnação grossa e vulgar, de um homem como os outros*".

Um traço marcante de Antonio Bento é que ele era um exímio contador de piadas e tinha um enorme estoque de anedotas com que entretinha e cativava a todos.

Em São Paulo, a luta contra a escravidão se organizava em Sociedades Emancipadoras. Em 1884, num edital do jornal *Diário Popular*, Antonio Bento convocava todas as instituições existentes para uma reunião na Confraria de Nossa Senhora dos Remédios, com o objetivo de criar uma confederação em São Paulo, estiveram presentes a *Sociedade Abolicionista Typographica*, *Pequenos Abolicionistas*, *Club Abolicionista da Glória*, *Abolicionistas da Escola Mineira*, *Associação Abolicionista dos Empregados do Commercio*, *Sociedade Abolicionista Artística* e *Caixa Emancipadora Luís Gama*.

Em Santos, a campanha abolicionista também se organizou por meio de sociedades e de jornais abolicionistas. Entre as sociedades destacam-se a *Boêmia Abolicionista*, que organizava espetáculos em benefício da causa e publicou vários jornais, e a *Sociedade Emancipadora 27 de Fevereiro*, que tinha por objetivo emancipar, no menor prazo possível, os escravos em Santos.

Em 1880, Antonio Bento conhece Luís Gama, negro e líder do movimento abolicionista em São Paulo. Logo tornaram-se grandes amigos, Antonio Bento tinha por ele um profundo respeito e admiração.

Quando de seu enterro, em 24 de agosto de 1882, enquanto o sacerdote fazia as últimas preces diante do túmulo encomendado pela Loja *América*, Antonio Bento tomado por forte emoção, ante o espanto da multidão, estende a mão sobre o corpo do grande amigo e jura solenemente que a campanha abolicionista prosseguiria até a vitória final; que ela não findaria com a sua morte e que ele a levaria adiante. Como nenhum outro, soube cumprir esse juramento solene.

Raul Pompéia, testemunha ocular, na *Gazeta de Notícias*, do Rio de Janeiro, de 12 de setembro de 1882, em *"Última Página da Vida de um Grande Homem"*, conta uma versão diferente:

> *"Da capela conduziu-se o féretro para a sepultura. Houve*

aí uma coisa solene que se deve registrar. Colocara-se o caixão na beira da cova. A multidão que invadira o cemitério rodeava o sepulcro, enchendo uma área espaçosa. (...) Quando os coveiros iam a descer para o túmulo o cadáver de Luiz Gama, um homem disse: – Esperem! ...

O Dr. Clímaco Barbosa (era o homem) ergueu então a voz. A voz soluçava-lhe na garganta. Disse duas palavras, sem retórica, sem tropos, a respeito do grande homem que ali jazia caído... Lembrou-se aos presentes que aquele fora Luis Gama... A multidão chorou.

Então, o orador reforçou a voz, reforçou o gesto; e intimou a multidão a jurar sobre o cadáver que não se deixaria morrer a ideia pela qual combatera aquele gigante. Um brado imponente, vasto, levantou-se no cemitério. As mãos estenderam-se aberta para o cadáver... A multidão jurou".

A versão de que foi Clímaco Barbosa que fez e levou a multidão a fazer o juramento e não Antonio Bento é reforçada pelos documentos da época, aparecendo a mesma versão em *A Província de São Paulo,* publicada no dia do enterro. No entanto, a versão de que fora Antonio Bento foi a que perdurou no imaginário popular e assim foi passada oralmente. De qualquer forma, foi Antonio Bento que assumiu a liderança do movimento abolicionista paulista, abrindo uma nova etapa ao movimento: findava o apego à legalidade e iniciava-se uma fase mais popular, radical, de ataque direto e confronto.

Antonio Manuel Bueno de Andrade reconheceu que:

"Enquanto viveu o supremo guia (Luiz Gama), ele (Antonio Bento) o seguiu leal e atenciosamente, com a mesma dedicação de todos os outros. Quando aquele nos faltou,

por uma combinação sem preparo, centralizou ele a confiança comum e pôs-se à testa do movimento. O destino nos favoreceu na escolha".

O abolicionista de Jacareí e amigo de Antonio Bento, Antonio Gomes de Azevedo Sampaio[13], em seu livro *Abolicionismo*, esclarece:

"Antonio Bento não cogitou nunca da organização deste partido, de um corpo de combatentes que obedecesse a uma direção geral. Antonio Bento organizou a sua companhia de caifazes como outros pelo interior organizaram as suas. O seu merecimento relativamente ao movimento geral no começo da luta; a sua glória inquestionável e imortal deriva do provado denodo com que ele foi para o campo da ação material dar o exemplo da tenacidade, da insistência, da abnegação, e da pujança de seu gênio".

O Imperador, na Fala do Trono de 1883, pede que o ministério não se esqueça de implantar medidas para a extinção gradual da escravidão. O presidente do ministério, Lafayette Rodrigues Pereira, anuncia o aumento das verbas do fundo de emancipação e proibição do tráfico interprovincial. No entanto, faltou empenho à efetivação das propostas.

Em 24 de agosto de 1883, passado um ano da morte de Luis Gama, Antonio Bento ainda demonstrava todo seu respeito ao amigo e grande abolicionista no *Jornal do Comércio*:

"Tanto se tem escrito sobre o teu nome que já não resta

---

[13] Português, nascido na freguesia de Caldas de Vizela em 13/8/1839, abandonou a terra natal devido suas ideias republicanas. Chegou ao Rio de Janeiro em 1854 e em Jacareí em 1868. Farmacêutico e naturalista; homem culto, liberal e republicano, influente na vida pública local e líder do movimento abolicionista. Foi o autor do livro *Abolicionismo* em 1890 e faleceu em São Paulo em 13/10/1914.

para mim, o mais humilde de teus admiradores, o que escrever; no entanto, a tua saudosa imagem não me sai do pensamento. Quantas vezes, nas dificuldades que encontro nas causas de liberdade, não invejo a tua sorte! Sempre considerei a morte como descanso dos trabalhos da vida; e quando vejo-me rodeado de tantos infelizes que, com lágrimas imploram meu fraco apoio e não acho nas leis deste desgraçado país um meio de socorrê-los, minha alma se despedaça de aflição e tenho ímpetos de, largando a pena e empunhando a espada, bradar: Liberdade ou morte!".

OS CAIFAZES

A história oficial não dá uma ideia do que foi a luta pela Abolição. Temos a impressão de que tudo aconteceu de maneira pacífica, suave e gradual. Mas foi uma luta árdua, violenta, perigosa e até mesmo sangrenta, onde, pela coragem e destemor se destacaram os Caifazes sob a liderança de Antonio Bento.

Antonio Bento, um verdadeiro agitador social, convencido de que a propaganda puramente teórico-doutrinária e os embates no judiciário, poucos resultados traziam, dá uma feição mais radical ao movimento e inicia a fase reacionária na campanha em São Paulo. O teor dos discursos abolicionistas priorizava uma mudança pela conciliação, gradual, sem grandes abalos ou ruptura na estrutura social. Para Antônio Bento o campo de luta não era mais somente na doutrina e polêmica, mas também, na ação prática e revolucionária. Sob a proteção da Irmandade de Nossa Senhora dos Remédios, organiza uma associação secreta, a que chamou Caifazes, que passou para a ação clandestina, direta e fora da lei, com o objetivo de levar a insurreição e a fuga de escravos nas fazendas. Distinguia-se das outras organizações por conquistarem uma ampla base popular e agirem em duas frentes: uma visível, feita através dos jornais, irmandades religiosas, propaganda,

Lojas maçônicas, ações judiciais, etc. E outra clandestina, usando verdadeiras táticas de guerrilhas.

Os Caifazes empolgou o movimento abolicionista de São Paulo entre 1878/1888. Antes, tanto escravistas como abolicionistas concordavam que a ordem pública era inviolável, criando-se uma lei não escrita, mas seguida, onde os senhores não se sentiam ameaçados, já que não havia radicalismos.

No ano de 1884, na Província do Amazonas, a Loja Simbólica "*Amazonas Nº 2*" redobra suas ações abolicionistas. Fundam a *Sociedade Libertadora 25 de Março* e o jornal *Abolicionista Amazonense.* Em março de 1880, já haviam fundado a *Sociedade Emancipadora Amazonense.* Maçons foram os autores da lei de 24 de abril de 1884, que consignou a quantia de 300 contos de réis, num orçamento de 2.500 contos, para completar as alforrias e proibia a entrada de novos escravos na província. No dia 10 de julho de 1884, o presidente da Província e Maçom Theodureto Carlos de Faria Souto extinguia a escravidão na província.

Em 1884, o chefe do gabinete, Manuel Pinto de Sousa Dantas, apresentou um projeto onde o escravo era automaticamente livre aos 60 anos de idade, pela omissão da matrícula e por mudança do domicílio legal do escravo. A obrigatoriedade de que todos os escravos fossem novamente registrados e identificados no prazo de um ano representaria a libertação quase imediata de todos os menores de catorze anos com base na Lei do Ventre Livre.

Com a proibição de transferência do domicílio, evitava-se que houvesse a venda de negros entre as províncias. Uma das maiores novidades, contudo, foi a assistência ao liberto com a criação de colônias agrícolas e regras para uma gradual transferência de terras do Estado para ex-escravos.

O ousado Projeto Dantas causou muita polêmica, dividiu os Liberais e provocou a ira dos Conservadores e escravistas. O gabinete não resisitiu e caiu.

O Conselheiro José Antonio Saraiva distorceu a reforma de Dantas, dando as terras para os grandes proprietários. João Maurício Wanderley, o Barão de Cotegipe, passou no Senado a reforma Saraiva, Lei dos Sexagenários, em 28 de setembro de 1885.

Era uma tentativa de aliviar a pressão do movimento abolicionista. Libertavam-se os escravos com mais de 60 anos de idade, mas não se mudava praticamente nada, pois, nessa época, era raro o escravo que chegava a esta idade. Além disso, libertá-lo nessa idade era o mesmo que abandoná-lo à própria sorte, justamente quando mais precisava de proteção de quem o havia explorado a vida toda. Estipulava-se ainda que os cativos de 60 anos deviam trabalhar 3 anos adicionais para compensar seus donos. A lei que previra um declínio, ano após ano, no preço dos escravos, gerou a supervalorização. Com o objetivo de organizar a introdução de imigrantes e o pagamento dos subsídios, foi constituído um fundo de emancipação. Até 1885, pouco mais de 10.000 escravos haviam sido libertos pelo Fundo de Emancipação, enquanto as alforrias concedidas espontaneamente por particulares subiam a 60.000.

Era uma lei retrógrada, diminuía a atuação da campanha abolicionista sem tocar nos privilégios dos grandes latifundiários escravocratas. Mas o movimento abolicionista não se convenceu e partiu para uma campanha mais agressiva. O Barão de Cotegipe recrudesceu as ações contra os abolicionistas aumentando a repreensão da polícia e agentes secretos na cidade e no campo.

Em 1886, em Paraíba do Sul, cinco fugitivos são presos e acusados de matar o feitor. Um é condenado à prisão perpétua e os outros a trezentas chibatadas. A pena demorou três dias para ser cumprida e os fugitivos foram obrigados a voltar a pé para a fazenda. Dois não resistiram e morreram. Os outros demaiaram e foram transportados em carros de boi. Tanta crueldade causou tal indignação na Corte, que o Senado, de outubro de 1886, aprovou revogando a pena de açoites.

Em 1887, o movimento abolicionista recebe dois importantes apoios que até então apoiavam a escravidão. O Partido Republicano Paulista apoia um projeto de lei libertando todos os escravos até 14 de julho de 1889, data do centenário da Revolução Francesa, e a Igreja Católica oficialmente condena a escravidão.

De 1879 a 1888 o movimento abolicionista cresceu e se consolidou. Em todas as regiões e classes sociais era consenso a necessidade da abolição.

Os Caifazes acreditavam que só seria possível acelerar o processo com a desarticulação do trabalho escravo nas fazendas e que o Parlamento só aprovaria a abolição diante de fatos consumados. A ação dos Caifazes superava a eloquência dos deputados; não encontrava dissensões, ao contrário, aglutinava, em torno de sua ação, os liberais, os radicais, os republicanos e os independentes, com um único objetivo: condenar e extinguir o regime escravocrata.

O jornal *A Liberdade*, em 17 de maio de 1888, dizia:

> *"Enquanto o abolicionismo limitou-se a reconhecer a lei, requerendo o arbitramento dos libertandos; enquanto Luiz Gama e Américo de Campos trabalharam no recinto das Lojas Maçônicas, (...) o escravagismo respondeu-lhes*

com a lei, dizendo-lhes que defendiam uma propriedade legitimamente adquirida. Eles, bem como Ferreira de Menezes e José do Patrocínio, assim pareciam acreditar, porque, em vez de recorrerem aos meios decisivos de que lançou mão Antonio Bento, contentavam-se em promover quermesses e passeatas, com o fim de estimular o sentimento nacional".

Na cidade de São Paulo, a diminuição dos cativos foi seguida pela expansão dos grupos urbanos menos ligados à propriedade agrária – funcionários públicos de menor escalão, profissionais liberais, advogados, médicos, engenheiros, jornalistas, estrangeiros, militares, pequenos comerciantes e religiosos – e por fazendeiros progressistas, não comprometidos com o sistema escravocrata. Foi entre esses setores da sociedade que os Caifazes se expandiu, criando uma extensa e eficiente rede de solidariedade à luta dos escravos. Agindo dentro das senzalas, uniam a insatisfação dos escravos com o movimento abolicionista das cidades. Se a fuga de negros era forma de protesto desde os tempos coloniais, a organização e a sistematização dessa prática passaram a ser usuais. Segundo Maria Helena Toledo Machado, em *Cometas, Caifazes e o Movimento Abolicionista,* diz:

> *"o cimentar de solidariedade entre escravos, libertos, plebe e abolicionistas radicalizados, mesmo como virtualidade, foi percebido e combatido pelas autoridades, como um dos maiores desafios à superação controlada e conservadora da ordem escravista".*

Em um artigo de 27 de agosto de 1888, Raul Pompéia dizia:

> *"Houve infinitos esforços de todas as estratégias, de todos os terrenos, de todas as categorias. a luta de Antonio*

Bento em São Paulo é a mais interessante. o seu sistema era a emboscada, o segredo, o repente da aparição, a espantosa audácia, o atrevimento burlesco às vezes, que aterrava e fazia rir. e conseguiu, segundo a lição de Luís Gama, estender por toda a província o aparelho nervoso de seus expedientes".

Tiraram o nome do personagem bíblico Caifás, que virou sinônimo de traição e suborno. Foi o sumo sacerdote que pagou a Judas para que entregasse Jesus. Na interpretação para o nome, dizem que Antonio Bento sugere uma inédita ideia de "*traição*", os senhores escravocratas se tornaram traidores da sociedade ou porque Caifás, supostamente, traíra por uma causa nobre, conforme São João 11:49-51:

> *"(...) nos convém que morra um só homem pelo povo, e que não pereça toda a nação. (...) profetizou que Jesus havia de morrer pela nação".*

Já Hipólito da Silva apresenta uma justificatica anti--semítica:

> *"Os escravocratas têm, a seu serviço, os capitães-do-mato, que são uns judeus. Os abolicionistas têm os seus caifazes que são os soberanos sacrificadores dos judeus. Havemos de chamá-los de capangas? O nome é deprimente e não quadra: A-bo-li-ci-o-nis-ta é muito comprido e não exprime a função especial. Caifás é que está em conta. Enquanto houver escravos haverá caifazes que são o poder executivo, pelo cacete".*

Para outros, como Caifás, eles também estavam cometendo uma traição, só que aos escravocratas paulistas.

Os Caifazes tinham entre seus membros: Raul Pompéia,

Bernardino de Campos, Macedo Pimentel, Arcanjo Dias Baptista, Julio de Castilhos, Alberto Correa, Luis Norton Barreto Murat, Eugênio Egas, Enéias Galvão, cônego Guimarães Barroso, Hipólito da Silva, Carlos Garcia, Bueno de Andrada, Muniz de Souza, major Pinheiro, Santos Garrafão, o negro Quintino de Lacerda, Antonio Gonçalves da Silva e Arthur Costa. Esses abolicionistas, sem vínculos e compromissos diretos com os interesses agrários, emergiram das próprias contradições do sistema em agonia para fazê-lo avançar.

Como todos os membros do movimento abolicionista e seus simpatizantes, portavam na lapela uma camélia branca, símbolo da pureza de seus propósitos. A própria Princesa Isabel levava essa flor no chapéu e renovava todos os dias um vaso de camélias sobre sua mesa de trabalho. No carnaval de 12 de fevereiro de 1888, em Petrópolis, juntamente com o Conde d'Eu, filhos e amigos, percorreu a cidade em carruagem ornamentada com camélias, sob os aplausos dos abolicionistas e o olhar de ódio dos escravocratas, recolhendo doações que retribuía com flores.

Petrópolis, antes de ser a "*cidade das hortênsias*", foi, no final do século XIX, a "*cidade das camélias*", sendo de especial importância simbólica as da "*Chácara das Camélias*" e nos jardins do palácio da Princesa Isabel. Mesmo depois de terminada a campanha, Rui Barbosa fez questão de plantar três pés de camélias em sua casa. Os dois primeiros foram plantados bem na frente da casa, para serem vistos da rua e do varandão da sala.

Em 1882, Raul Pompéia, Antonio Bento e seu cunhado, José Maria Lisboa, fundaram em São Paulo o *Jornal do Comércio*. A esta folha abolicionista veio se juntar o períodico *A Redenção*, que começou a circular em 2 de janeiro de 1887, cuja tipografia estava instalada na Rua do Quartel, nos fundos da Irmandade Nossa Senhora dos Remédios. De acordo com Antonio Manuel Bueno de Andrade:

> *"Na tipografia da Redenção reuniam-se, quase diariamente, os irmãos da Irmandade de Nossa Senhora dos Remédios, em sua maioria operários negros e também muitos outros abolicionistas".*

Era para ser um jornal clandestino, mas foi tão bem recebido que passou a ser distribuído abertamente, tornando-se o jornal mais lido em São Paulo. Circulou duas vezes por semana até maio de 1888.

Um misto de panfleto e pasquim expunha os fatos sem reservas ou reticências, sem poupar ninguém; teve 44 números impressos, possuía 2.500 assinantes e não era lido somente na capital, suas colunas de "*Correspondência*" incluíam protestos e congratulações de leitores de inúmeras cidades da Província. Embora condenasse a publicação de anúncio de recompensa por escravos fugidos, devido à imposição da realidade financeira, era obrigado a também publicá-los.

> *"O título do nosso jornal – a Redenção – já indica a nossa missão na imprensa. Divergimos completamente tanto dos liberais resistentes, como dos escravocratas, não concordamos com as ideias conservadoras e detestamos aqueles que, trazendo o capacete frígio na cabeça, trazem nas mãos o bacalhau com que cotidianamente surram seus escravos. Nós queremos a libertação imediata sem prazo: para consegui-la aceitamos a própria revolução."*

O jornal procurava penetrar nas camadas menos cultas, sendo preocupação de seu redator-chefe, Antonio Bento, escrever numa linguagem simples e acessível. Não se prendia à norma culta e escrevia conforme o povo falava, sem muita gramática. Explicava em 13 de janeiro de 1887:

> "*AOS NOSSOS LEITORES. Não fazemos questão de gramática nem tão pouco(sic) de pontuação em nossos artigos, por conseguinte, se qualquer erro de etimologia e prosódia encontrarem os gramáticos ou filólogos em nossos artigos, não se incomodem, porque não nos incomodamos, e damo-nos já por desculpa, quando formos censurados por tais erros, que são erros tipográficos mesmo porque os nossos leitores são quase todos pertencentes ao zé-povinho, e pouco se importam com a gramática*".

Utilizava-se do folhetim, padrão na época e tão a gosto do público. Publicou em série o romance *A Cabana do Pai Tomás*. A forma direta e violenta de crítica, a linguagem simples, explora abertamente a sensibilidade pública, através de contos dramáticos sobre torturas e castigos infligidos aos negros.

No início, seus artigos e editorias pareciam uma simples repetição do que era dito por outros abolicionistas, mas foi adquirindo um teor diferente e inédito. Utilizava até do Espiritismo como vemos no nº 20, de 13 de março de 1887, onde a explicação da crueldade dos senhores é transmitida através de contos sobrenaturais que procuram ridicularizar a atitude de alguns fazendeiros.

De resto, utiliza-se das já conhecidas teorias para justificar a campanha, como o exemplo de outras nações e províncias, as doutrinas econômicas e sociológicas da época e o nacionalismo.

Justificando sua postura radical, *A Redenção* dizia em 6 de janeiro de 1887: "*talvez sejamos duros quanto as nossas apreciações, não devemos ser censurados, porque não se pode exigir brandura quando se aprecia uma instituição salpidada de rios de sangue, de fome, sede, de torturas e de milhões de assassinatos"*. E iam mais longe em 2 de janeiro de 1887: *"Que os abolicionistas andem sempre armados, vade in pace, porque estão sempre em perigo de vida"*. Aos pouco as críticas alcançam um tom agressivo e irreverente, não poupando padres, juízes, delegados e o próprio Imperador. Expressões como a de nº 102, de 8 de janeiro de 1888 – "*diabos que carreguem a todas as autoridades*", tornam-se frequentes.

Apesar de monarquista, Antonio Bento aceitava a colaboração de Conservadores, Liberais e Republicanos, desde que fossem abolicionistas. Podemos dizer que o movimento abolicionista era um movimento suprapartidário: José do Patrocínio, Joaquim Nabuco e Luis Gama eram membros do Partido Liberal, já Antonio Pinto, Gusmão Lobo e Antonio Bento eram membros do Partido Conservador.

A Redenção não se limitou a denunciar; documentava também a ação do movimento, desde as subscrições feitas através do jornal para libertar escravos, conforme vemos no nº 42, de 2 de junho de 1887, até a assistência jurídica forneciam, conforme consta no nº 19 de 10 de março de 1887.

Os Caifazes colocam-se em pé de igualdade com os capitães-do-mato e a consciência disso é expressa pelo jornal, quando dizem considerar-se a polícia secreta dos abolicionistas.

Antonio Bento fundou também, em 1882, o jornal *O Arauto,* de linguagem irônica, que circulou por um ano, e o jornal *A Liberdade*, em 1888, que seguiu a linha doutrinária do *A Redenção*.

Esses jornais serviam de veículo de comunicação entre os Caifazes do centro urbano com os do campo. Até então as comunicações eram feitas por telegramas e cartas, com linguagem codificada e senhas. Na capital também vigorava um sistema de sinais e convenções, de inspiração maçônica, que permitia uma ação rápida e eficiente.

Os jornais eram os espaços de disputas e discussões das leis, utilizados por juristas, advogados e pela classe senhorial, sobretudo o jornal *Diário de São Paulo* – que denunciava os protestos dos senhores contra as ações dos advogados em prol dos escravos – e o *Jornal do Comércio* – sob o comando de Raul Pompéia e Gaspar Silva – que se posicionava a favor dos escravizados e das ações de liberdade defendidas pelos advogados.

Em 1869, fruto de uma dissidência do Partido Progressista, foi criado o *Clube Radical Paulistano*, que durou até 1870. Tinha como membros, entre outros: Zoroastro de Pamplona, Américo de Campos, Jorge Miranda, Bernardino Pamplona de Miranda e Rui Barbosa. Dezessete dias após a publicação do Manifesto Republicano, o *Clube Radical Paulistano* comunicou seu apoio e sua transformação em *Clube Republicano*. Criaram o jornal *Radical Paulistano*, defendendo reformas políticas e sociais, praticamente idênticas às do *Clube Radical do Rio de Janeiro*. Entre elas, a substituição do trabalho escravo pelo livre, o voto direto e universal e criação de um fundo de emancipação. Luiz Gama, um de seus redatores, exaltava as iniciativas emancipacionistas do Imperador. O jornal tinha como um dos seus redatores Rui Barbosa de Oliveira[14], seu artigo *A Emancipação Progride* é um clássico da luta abolicionista.

---

[14] Jurista, orador brilhante e político, sendo chamado por João Mangabeira *"O Estadista da República"*. Iniciado na Loja *"América"*, onde, em 4 de abril de 1870, apresentou um projeto referente à libertação dos escravos, onde constava: *"obrigatoriedade de declaração de todos os candidatos ao ingresso na Maçonaria de que, daí em diante libertariam todas as crianças do sexo feminino,*

Com uma população quase dez vezes inferior à da Corte, São Paulo não possuía o mesmo brilhantismo, mas tinha uma vida dinâmica. Em 1872, era a sexta maior cidade do Brasil com 31.400 habitantes. De 1885/1889 chegaram à capital 134.234 emigrantes. Em princípios de 1887 diz-nos o *Relatório da Comissão de Estatísticas*, viviam na Província de São Paulo 107.329 escravos. No município da capital com população de 47.000 indivíduos existiam apenas 493 cativos, enquanto Campinas, com 41.258 habitantes abrigava 9.986.

Novas atividades econômicas criavam novas camadas sociais – operários de uma iniciante industrialização, comerciantes, uma burocracia ligada ao Estado e artesãos – independentes da sociedade agrária. A capital paulista se caracterizava, por uma forte cultura jurídica e de feição liberal, já que, além de Recife, é a única a acolher desde 1828 a Faculdade de Direito do Largo de São Francisco, frequentada por jovens de diversas regiões do país, filhos de abastadas famílias da oligarquia rural, mas também de segmentos socioeconômicos que se diversificavam ao longo do tempo, razão pela qual Luiz Gama define-a como uma "*Arca de Noé em ponto pequeno*".

O Largo da Sé era o local de efervescência cultural e política. Era o espaço de muitas oficinas e redações de jornais, onde trabalharam Ferreira de Menezes, Luiz Gama e José Cupertino. Ali ficava a *Charutaria Aymoré*, de propriedade de Kanz e Bicudo, conhecida como um *"ninho dos Caifazes"*

---

nascidas de escravas suas; obrigatoriedade de todas as Lojas Maçônicas brasileiras reservarem um quinto de suas receitas para alforria de crianças escravas; que todos os Maçons brasileiros ficaram obrigados a assumir um compromisso de que declarariam livres as filhas de suas escravas". Sobre sua condição de Maçom disse: *"Tive a honra de servir entre esses bons amigos da humanidade. Fui então fiel e assíduo Maçom; mas, deixando São Paulo, deixei até hoje a Maçonaria de que fiquei membro avulso e simples aprendiz." "Mas o certo é que fui membro da Maçonaria, então e ainda por alguns anos. Fiz-me maçom quando estudante em São Paulo, iniciando-me na Loja América de que fui um dos primeiros e mais assíduos, bem que um dos mais obscuros operários."*

e endereço para correspondências para o jornal *A Pátria*, do Caifás Arthur Costa. No número 45, da Rua das Flores, funcionava, em 1899, o escritório do jornal *O Progresso*, tendo como redator José Cupertino. Também abrigou o antigo prédio da Igreja de Nossa Senhora do Rosário dos Homens Pretos.

Nas ruas do Centro, escravos domésticos misturavam-se aos alugados por seus senhores por hora ou dia. Houve um significativo aumento de libertos, pela intensificação da ação abolicionista e as brechas na legislação. Em São Paulo, em 1872, dos 12 mil negros da cidade – 1/3 da população –, apenas 3.800 eram escravos. Além disso, a cidade era território mais ou menos seguro, oferecendo anonimato para os fugidos. Por isso mesmo, foi se tecendo uma rede de socialização e sobrevivência negra paralela à escravidão, que podemos chamar de quilombos urbanos. A população negra concentrava-se nos cortiços e porões do velho Centro de São Paulo, recém-abandonado pelos ricos. Eram cômodos e casas coletivas no centro da cidade ou semirrurais – as roças das periferias urbanas – que deram origem a núcleos importantes como Campos Elíseos e Higienópolis; o bairro do Bexiga se originou do Quilombo do Saracura.

Os brancos, sempre temerosos de alguma insurreição negra, dependiam da polícia e dos órgãos do Estado para manter a disciplina dos escravos e o controle social, restringindo a mobilidade e comportamento dos escravos. Eles não podiam ir legalmente a qualquer lugar a qualquer hora.

Em 1886, estavam sujeitos a um código de posturas municipal em que: as quituteiras devem sair porque "*atrapalham o trânsito*"; os mercados devem ser transferidos porque "*afrontam a cultura e conspurcam a cidade*"; os pais de santo não podem mais trabalhar porque são "*embusteiros que fingem inspiração por algum ente sobrenatural*" e as empregadas domésticas deveriam comparecer na Secretaria de Polícia, que expedia uma caderneta de identificação, bem como previa a imposição de dispensa por justa causa se ficasse impedida de trabalhar por motivo de doença, ou que saísse de casa a passeio ou a negócio, sem licença do patrão.

Em Campinas, onde a população escrava tinha crescido significativamente, com 156 escravos em 1779, pulou para 4.800 em 1829. Entre 1870/1880, era um dos maiores centros de concentração de escravos e tinha um Código de Postura da Câmara Municipal, de 1864, que estabelecia: "*proibido aos escravos jogarem quaesquer jogo nas ruas, praças, estradas ou em cazas alheias sob a pena de (...) de multa ou açoites à escolha dos Senhores*", as pessoas livres que jogarem com escravos ou emprestarem suas casas para isso também podiam ser multadas e presas. E mais:

> "*Todo o escravo que for encontrado na rua depois do toque de recolhida, sem bilhete de seo senhor, será preso, e no dia seguinte entregue a quem pertencer*". "*Todos os donos de tabernas, botequins e armazéns que concentrem ajuntamentos de escravos demorados mais tempo do que necessário para comprarem ou venderem serão multados (...). E dois dias de prisão: os escravos sofrerão 10 açoites e poderão ser isemptos pelos senhores, pagando uma multa (....).*" "*O escravo fugido que for preso sem ordem de seo Senhor, este pagará a quem capturar 8$rs. Se for preso em quilombo sem resistência 6$rs. E com resistência 20$rs.*"

Nos meados do século XIX, quando a escravidão passou a ser condenada, nas cidades o castigo passou a ser aplicado em locais fechados, para não despertar a atenção. Os senhores pagavam uma taxa à polícia para executar o castigo nas cadeias ou os levavam para estabelecimentos especializados, chácaras como a do Telégrafo, no bairro do Paraíso, que era popularmente conhecida como a Chácara do *Quebra-Bunda*.

Como todos os abolicionistas da época, Antonio Bento tinha consciência da importância da propaganda para o movimento, não perdia oportunidade para usá-la, quanto mais chocante fosse, mais eficaz seria. Certa vez lhe foi apresentado um escravo que havia sido torturado, não teve dúvidas, juntamente com as Irmandades, promove uma procissão. Entre os andores e santos, viam-se instrumentos de tortura, grilhões, relhos e cangas, e embaixo da imagem do Cristo crucificado seguia o negro a pé. Toda a cidade acorreu a tão inusitado evento e esta sutil associação do negro torturado com Jesus, causou os efeitos desejados. Nas mulheres e homens de bem, chocados e envergonhados, via-se repúdio e indignação; nos escravocratas, o ódio e promessa de vingança. A impressão causada foi tão forte que nem a polícia ousou intervir.

De vez em quando, tendo à frente a Banda da Confraria, Antonio Bento formava festivas procissões que iam de encontro aos condutores de escravos, aqueles que não atendiam aos pedidos para os soltarem, eram premiados com uma boa surra. Em agosto de 1887, uma procissão percorreu a cidade, formada, segundo a polícia, "*por negros desordeiros, que causaram pânico na cidade*".

Inúmeras foram as ações audaciosas de Antonio Bento, a primeira foi na fazenda Laranjas Azedas, entre Araras e Rio Claro, pertencente a sua irmã, Corina de Sousa Castro, a Baronesa de Itapetininga. Encarregado de cuidar de seus negócios, ele promoveu a fuga de todos os escravos da fazenda; sua irmã jamais o perdoou.

De 1882/1887, as atividades dos Caifazes concentraram-se na utilização de procedimentos legais: denunciavam pela imprensa os horrores da escravidão, denunciamdo os abusos dos senhores de escravos, expondo-os à condenação pública. Defendiam, na Justiça, a causa dos escravos; faziam atos públicos em favor da emancipação; coletavam dinheiro para alforria e protegiam os fugidos. Trabalhavam para que as leis, que garantiam a liberdade aos contrabandeados, fossem respeitadas e na propaganda abolicionista, principalmente nas Lojas maçônicas.

A Maçonaria, seio dos ideais liberais e libertários, que sempre pregou a igualdade, abominando qualquer tipo de escravidão do homem pelo homem, não poderia deixar de assumir um papel efetivo na abolição dos escravos. Em agosto de 1875, foi lido na Loja *América* um decreto do Grande Oriente Unido (Beneditinos) que proibia a iniciação de comerciantes de escravos. Na ocasião, o Venerável Mestre comentou que este decreto se harmonizava com o pensamento de todos os verdadeiros Maçons e principalmente os da Loja.

O Grande Oriente do Brasil, em 22 de setembro de 1871, no primeiro número do seu boletim, diz:

> *"A maçonaria sem política, nem partidos, dirigiu-se também à resolução do problema. Estabelecido um dos meios de abolição do cancro que destrói infelizmente a nossa sociedade, era preciso mais um complemento à obra tão dignamente encetada, e hei-lo sustentado vigorosamente no Parlamento pelo nosso atual Grão-Mestre e a presente administração tornando-se credora das bênçãos da humanidade e do país por levar a efeito a lei geral que concedeu*

desde 28 de setembro a liberdade a milhares de infelizes que nasceram no Brasil. Não nos cumpre investigar qual seria o melhor meio prático para realização da ideia. O governo do estado certamente reformará a lei, se assim julgar necessário e concluirá sua digna tarefa, extinguindo completamente a escravidão e continuando a introduzir no país o elemento que substitua o braço escravo".

No Boletim de maio de 1872, o Grande Oriente do Lavradio, declarava:

"Nenhum erro é mais antigo, nenhuma instituição é mais hedionda do que a escravidão, entretanto está quase extirpado este medonho cancro social. A Maçonaria unida reassume de hoje em diante seu posto de honra; ela será a guarda avançada do progresso da humanidade. Educando o filho, emancipando o escravo, amparando a viúva, protegendo as classes desvalidas e libertando a consciência dos homens de férreo jugo do despotismo clerical, ela se recomendará a posteridade pelos relevantes serviços em prol da civilização".

No mesmo boletim noticiava-se a entrega de 12 cartas de liberdade a menores alforriados pela Maçonaria.

O Grande Oriente do Brasil, em 16 de setembro de 1887, envia correspondência às Lojas, que foi apresentada na Sessão da Loja Piratininga de 5 de outubro de 1887.

"O expediente constou de uma prancha do Gr∴ Sec∴ Ger∴ da Ord∴ datada de 16 de Setembro próximo passado comunicando a esta Aug∴ Loj∴ que o Sap∴ Gr∴ Or∴. em Sess∴ de 9 do mesmo mês deixou de atender a proposta de um de seus membros, no sentido de estabelecer certo prazo fatal, alem do qual nenhum maçom poderia mais possuir escravos – Que a isso foi levado o mesmo Gr∴ Or∴ pela única consideração de

que, já tendo o Estado feito quando julgou suficiente em relação à abolição gradual do elemento servil, abolição hoje auxiliada, tanto pela iniciativa individual, como até pelo empenho do clero que entendeu oportuno associar-se agora ao movimento emancipador, só compete à Maçonaria, colocando-se na sua verdadeira posição, cooperar, na medida de suas forças, para que o empenho do Estado e o concurso, sempre generoso, da iniciativa individual, tornem-se cada vez mais fecundos, atendidas em todo o caso as condições especiais do país e a necessidade de não desorganizar de chofre o trabalho agrícola, fonte abundante da riqueza nacional. – Seguem-se outros trechos constantes da aludida prancha que não deixam de ser importantes, e conclui em recomendar que se lhe transmita, com a possível brevidade, a franca opinião desta Aug∴ e Resp∴ Offic∴. A Loj∴ inteirada autorizou ao Resp∴ Ir∴ Ven∴ para transmitir a opinião desta Aug∴ Offic∴ pelo modo que ele julgar mais conveniente".

A primeira Loja, com sede em São Paulo, foi a Loja *Amizade,* fundada por cinco estudantes da Academia de Direito, em 13 de maio de 1832: José Augusto Gomes de Menezes[15] e Vasconcellos Drumond, João Manuel Lopes Pimentel[16], Manuel de Jesus Valdetaro[17], Luis Fortunato de Britto Abreu e Souza Menezes[18], Bernardino José de Queiroga[19], e pelos

---

[15] Frequentador da casa de Líbero Badaró, colaborador em seu jornal *O Observador Constitucional,* seu admirador usava o nome simbólico de Badaró, foi o primeiro Venerável Mestre da Loja.

[16] Usava o nome simbólico de Franklin.

[17] Usava o nome simbólico de Petion.

[18] Usava o nome simbólico de Rackliff. Nascido a 11/02/1812, no Rio de Janeiro, onde faleceu. Bacharel em Direito pela Academia de São Paulo em 1832. Juiz de fora da Praia Grande. Advogou no Rio de Janeiro. Foi Juiz de Direito de Itaboraí, no Rio de Janeiro, e Juiz de Órfãos na Corte. Desembargador, em 1845. Ministro do Supremo Tribunal de Justiça, cargo esse em que se aposentou. Chefe de policia da Corte. Deputado à Assembleia Provincial do Rio de Janeiro. Fidalgo da Casa Imperial, Comendador da Ordem de Cristo e da Ordem de São Gregório Magno. Foi um dos fundadores do Instituto dos Advogados Brasileiros.

advogados: Bento Joaquim de Sousa[20] e Constâncio José Xavier Soares[21]. Logo contou com a participação de comerciantes, políticos, funcionários públicos e comerciantes da cidade. Foi o primeiro espaço em que se articularam as ideias emancipacionistas, fora da Academia de Direito.

Muitas Lojas foram fundadas na província de São Paulo na década de 1830, entre elas *Firmeza e Caráter* em 1833, *Fraternização* em 1833, *União do Ypiranga* em 1833, *Amor da Sabedoria* em 1833, *Imparcialidade* em 1833, *Beneficência Ituana* em 1833, *União Paranaguense* em 1837 e *Cruzeiro do Sul* em 1838.

Em 19 de julho de 1869, em Sorocaba, era fundada, por Membros da Loja *Constância*, a Loja *Perseverança III*, com o objetivo principal de lutar pela abolição da escravidão e a implantação da República. As Lojas maçônicas encontravam-se em plena efervescência abolicionista e republicana, devido à radicalização de uma ala de jovens Maçons.

Em 7 de agosto, o grande líder abolicionista Ubaldino do Amaral[22] apresentava à Loja a primeira proposta de uma Loja maçônica a tratar da libertação dos escravos, subscrita por ele e por José Leite Penedo, que dispunha:

---

[19] Usava o nome simbólico de Cepé.

[20] Usava o nome simbólico de Constância.

[21] Usava o nome simbólico de Wans-Walles, foi Venerável da Loja.

[22] Nasceu em Lapa-PR, em 27/8/1842. Em 1855, foi para Sorocaba e depois para São Paulo, forma-se em 1865, na Faculdade de Direito. Fixou residência em Sorocaba e, desde 1866, já escrevia em jornais paulistas e sorocabanos em favor da abolição. Foi Iniciado, pouco depois de seu retorno a Sorocaba, na Loja *Constância*, fundada em 8/4/1847, com o Cadastro n° 162. Fundador da Loja *Perseverança III*, em 31/8/1869. Ocupou o Cargo de Orador, mas até 28/12/1869, redigia todas as Atas. Desde 1871, chefiou a campanha para o lançamento da Estrada de Ferro Sorocabana. Em 1874, muda-se para o Rio de Janeiro sendo, mais tarde, Deputado à Constituinte, Deputado Federal. No Grande Oriente Unido de Saldanha Marinho, já Grau 30, é eleito, em 1877, Grande Orador, empossado em 11 de abril. Provavelmente pertencia à Loja *Comércio* do Grande Oriente Unido que, em 18/1/1883, foi incorporada ao Grande Oriente do Brasil, e que em 18/11/1886 se fundiu com a Loja *Duplicata*, fundada em 1863. Em 14/1/1886, foi empossado no Grande Oriente do Brasil como representante da

"1º Colocar-se-á, na Loja, uma caixa denominada 'Emancipação', na qual os iniciados, a convite do Venerável e de qualquer outro Irmão, quando queiram, depositarão suas ofertas; 2º O produto dessa caixa será exclusivamente destinado à libertação de crianças do sexo feminino, de 2 a 5 anos de idade; 3º As crianças assim libertadas ficam sob a proteção da Oficina; 4º Serão absoltamente proibidos os banquetes, ceias, copos d'água que o uso tem admitido nas Iniciações, devendo o Venerável convidar os recipientários para converter as quantias que dependeriam com isso em donativos à Caixa de Emancipação".

Em 4 de abril de 1870, na Loja *América*, Rui Barbosa[23], no quinto ano da Faculdade de Direito, apresentou um projeto para que fosse convertido em lei geral e obrigatória:

"Art. 1º – Sendo verdade inconcussa que a emancipação do elemento servil e a educação popular são, hoje, as duas grandes ideias que agitam o espírito público e de que depende essencialmente o futuro da nação, a Maçonaria brasileira declara-se, solenemente, a manter e propalar

Loja *América* de São Paulo, sendo curioso que, em agosto de 1888, a Loja *Comércio* comunicou ao Grande Oriente, em Sessão de 14/8/1888, que ele tinha sido eliminado do seu Quadro, juntamente com outros quatro OObr.'., possivelmente por alguma dissidência, o que causa espécie, já que era Remido da Oficina. Em 1876/77, pronunciou duas famosas conferências no Grande Oriente Unido, que o GOB em 1910 reeditou. Com a Proclamação da República, abandona a advocacia para exercer o cargo de Inspetor da Alfândega do Rio de Janeiro, até ser eleito senador pelo Paraná de 1891/1894. Foi membro da comissão incumbida de dar parecer ao projeto da Constituição Federal e foi vice-presidente do senado. A 15/11/1894, renunciou ao mandato, para exercer o cargo de Ministro do Supremo Tribunal Federal, que pouco depois renunciou. Foi membro do conselho consultivo da caixa de amortização, diretor da instrução primária e secundária da Corte, presidente da comissão inspetora da casa de correição, professor na Faculdade Livre de Direito do Rio, no Clube de Guarda-Livros e na Escola Senador Correia. Exerceu os cargos de Prefeito do Distrito Federal, de 1897/1898, e de Diretor do Banco do Brasil. Integrou as comissões de árbitro do Brasil nos tribunais mistos Brasileiro-Boliviano e Brasileiro-Peruano; embaixador do Brasil à Corte do Tribunal de Haia; além de comissões em instituições literárias e científicas do país e do estrangeiro. Faleceu em 22 de janeiro de 1920, na cidade do Rio de Janeiro.

23 Iniciado Maçom na Loja *América*, a 1/7/1869. No quadro da Loja, referente a 1870, tinha o nº 101 e constava como tendo 22 anos, sendo solteiro e estudante. Na realidade, como esse

esses dois princípios, não só pelos recursos intelectuais da imprensa, da tribuna e do ensino, como também por todos os meios materiais atinentes a apressar a realização dessas ideias entre nós. Art. 2º – Todas as Lojas Maçônicas instituídas no país, tanto as já existentes como as porvindouras, não poderão alcançar nem continuar a merecer o título e os direitos de Oficinas regulares e legítimas sem que adotem pelo mesmo modo esses dois princípios sociais, comprometendo-se a trabalhar por eles, com eficácia e tenacidade. Art. 3º – Todas as Lojas Maçônicas sujeitas ao Grande Oriente Brasileiro, assim presentes como futuras, ficam obrigadas a abrir, no orçamento de suas despesas, verba especial reservada ao alforriamento de crianças escravas. § 1º – Esta verba será proporcional à soma total da receita de cada Loja, de maneira que seja sempre um quinto da receita total. § 2º – Este termo proporcional será aplicado invariavelmente a todas as Lojas. § 3º – Ficam também obrigadas, todas as Oficinas brasileiras, a empregar todos os esforços possíveis, dentro da esfera de seus recursos pecuniários, a fim de divulgar ativamente a educação popular, criando, nos seus competentes Vales, escolas gratuitas de ensino primário, já noturnas ou domingueiras, para adultos de todas as classes, já diurnas e diárias, para crianças e um e outro sexo. Art. 5º – Nenhum indivíduo poderá mais

---

quadro era feito no início do ano, Rui, nascido a 5/11/1849, tinha apenas 20 anos, o que leva a crer que tenha sido alterada a sua idade, para permitir a Iniciação. Isto era muito comum na época e, também, ocorreu, por exemplo, com Nabuco e Quintino Bocaiúva (Iniciado na Loja *Piratininga*). Antônio Carlos – sobrinho de José Bonifácio de Andrada e Silva – Venerável Mestre da Loja *América*, era lente da Faculdade de Direito. Apesar disso, este, assumindo o Cargo de Orador, entrava muitas vezes em choque com a opinião do mestre, principalmente em torno do movimento abolicionista, apesar de se expor a represálias no âmbito da Faculdade. Felizmente, Antônio Carlos era um homem de grande equilíbrio e entendia as razões do seu aluno, jamais levando assuntos de Loja para outros locais. Rui pouco permaneceu na Maçonaria. Bacharelado em 1870, voltou à Bahia e, embora nunca mais tenha voltado à atividade maçônica, sempre a ela se referia com carinho e admiração.

obter o título e privilégio de legítimo Maçom sem que primeiramente, antes de receber a iniciação, declare livre todas as crianças do sexo feminino, que, daí em diante, lhe possam provir de escrava sua. § único – Esta declaração será escrita e assinada pelo respectivo neófito e por testemunhas idôneas, escolhas dentre os Maçons presentes, em número bastante para que venha a produzir todos os efeitos legais. Art. 6º – Todos aqueles que já se acham iniciados em qualquer Oficina Maçônica do Brasil ficam igualmente obrigados, logo que for promulgada esta lei, a lavrar um compromisso em que declare livres todas as crianças do sexo feminino, filhas de escrava sua, que possam vir à luz desse momento em diante. § nada único – Esta declaração será escrita e assinada pelo respectivo in apenso e por testemunhas idôneas, em número suficiente, a fim de que possa produzir todas as consequências legais. Art. 7º – Para estas declarações de liberdade, haverá, em cada Oficina, um livro particular, numerado e rubricado pelos delegados do Grande Oriente, e, em falta deles, pelo Venerável da Loja. § 1º – As declarações serão feitas por cada Maçom de per si, não se admitindo nunca que mais de um indivíduo subscreva o mesmo compromisso. § 2º – Cada declaração individual será lavrada em uma das folhas do respectivo livro. Art. 8º – Se qualquer indivíduo recusar-se a fazer a declaração referida nos artigos 5º e 6º, se ainda não for Maçom, não poderá nunca ser Iniciado, e, se já for, ficará "ipso facto" coberto por toda a Maçonaria Brasileira, sendo a respectiva Loja obrigada a comunicar esta ocorrência ao Grande Oriente e às oficinas mais próximas ou àquelas que forem situadas em qualquer lugar para onde tenha de seguir o Maçom suspenso. § único – Esta suspensão será levantada logo que o indivíduo, comparecendo na sua antiga Oficina, lavrar e subscrever o compromisso mencionado. Art. 9° – Se qualquer Maçom, apesar de ter escrito e assinado a declaração indicada nos artigos 5° e 6°, continuar a criar e manter, ilegalmente, na escravidão, as crianças a que tenha dado liberdade pelo seu compromisso, fica a respectiva Loja obrigada a participar logo este delito ao Grande Oriente, o qual, tanto que ao receber esta comunicação, declarará o delinquente excluído do Grêmio da Maçonaria Brasileira, como desobediente aos decretos do Grande Oriente, ficando privado de todos os títulos, direitos, privilégios e dignidades que possuir. Art. 10° – No caso figurado pelo artigo antecedente, cumpre à respectiva Oficina escolher sem demora pessoa competente, que processe o criminoso perante os tribunais civis, servindo-se do compromisso por ele escrito e assinado, a fim de obter a sentença de liberdade em favor das crianças mantidas em injusto cativeiro. Art. 11 – A Loja Maçônica que não satisfizer rigorosamente as obrigações determinadas nos artigos precedentes será pela primeira vez repreendida e intimada a cumpri-las e se resistir ficará suspensa como refratária às leis do Grande Oriente Brasileiro. Art. 12° – Todas estas disposições, cuja aplicação à Maçonaria Brasileira depende ainda da resolução do Grande Oriente, começam a vigorar desde hoje como lei positiva no seio da Loja América".

Não consta que este projeto tenha sido aprovado na Loja, mas foi enviado ao Grande Oriente do Vale dos Beneditinos. O Grão-Mestre Saldanha Marinho, ciente das dificuldades para implantá-lo, dada a divisão da Maçonaria na época e o precário equilíbrio de sua Obediência, arquivou o projeto.

Na cidade de São Paulo existiram outras Lojas maçônicas entre fins da década de 1840/1850, entretanto tiveram vida efêmera. Entre elas estavam as Lojas *Fraternização* e *Ypiranga*, ambas extintas em 1853. Podemos supor que abateram Colunas pelo acúmulo de dívidas ou que tenham entrado em conflito com outras Lojas, o que ocorria com certa frequência.

Após 18 anos de atuação, a Loja *Amizade* apóia a fundação da Loja *Piratininga*, em 1850. Entre seus criadores, estava Joaquim Ignácio Ramalho, Barão de Ramalho[24], sendo seu primeiro Venerável. Eis a Ata:

> *"Sessão d'Installação da Augusta. e Loja Piratininga aos 28 dias do 6º mez do Anno da Venerável Loja∴ 5850. Aos vinte e oito dias do 6º mez do anno da verdadeira luz 5.850, reunidos ao Valle do Tabatinguera os Irmãos Maçons Dr. Ildefonso Xavier Ferreira, Cap. José Martini, cônego Joaquim Anselmo d' Oliveira, Dr. Manuel José Chaves, Joaquim Ignácio Ramalho, Cap. José Xavier Ferreira, Cap. Luiz Soares Viegas, Ten. Com. José Antonio da Fonseca, Major Luiz José Monteiro, Ten. Con. João Carlos Baumann, Ten. José Delphino de Camargo, Francisco Xavier Vahia Durão, Marcus Diniz Gomes Nogueira, Francisco da Silva Guimarães, padre Mamede José Gomes da Silva, Antonio Joaquim de Lima, Francisco Xavier de Barros Fo., Joaquim Medina Celli, José*

---

[24] Foi Venerável da Loja 45 vezes. Nasceu em 6/1/1809, em São Paulo, bacharelou-se em Direito, em 1834, é lente de Filosofia Racional e Moral na Faculdade a partir de 1836 e seu diretor entre 1891/1902. Em 1845, é vereador e presidente da Câmara Municipal, de onde foi chamado para administrar a Província de Goiás em 16/5/1845. Deputado por Goiás em 1848 e membro por duas legislaturas. Conselheiro em 4/12/1861, Barão de Água Branca em 1887, mudado para Barão de Ramalho. Filiou-se à Loja *Amizade*, em 30/10/1832, permaneceu na Loja *Piratininga* até sua morte em 1902. Foi fundador da Loja *Roma*, em 1889, e de outras Lojas no interior. Aparece como Membro Honorário do Supremo Conselho do Grau 33 do Rito Escocês Antigo e Aceito em seu Boletim de 1874. Foi Grão-Mestre da Grande Oficina Provincial Amizade que se transformou em Grande Loja Provincial de São Paulo, sendo a primeira experiência de descentralização de Obediências estaduais federadas ao Grande Oriente do Brasil.

da Silva Fluminense, Cap. José Maria Gavião Peixoto, Antonio Nunes de Aguiar Júnior, Rodrigo Netto Firmino de Moraes, Camillo Lellis da Silva e Dr. Francisco Joaquim Catete, e foi installada a Loja Maçônica com o título distintivo de Piratininga ao Valle do Tabatinguera com todas as formalidades e usos maçônicos do Rito Escossez Antigo e Acceito. De que para constar se lavrou a presente Ata".

Quando a *Piratininga* foi fundada em 1850, a população da cidade de São Paulo havia dobrado – de 10 mil habitantes para pouco mais de 20 mil. Isso, de certa forma, pode explicar por que entre seus fundadores havia segmentos sociais diversificados. A ausência de estudantes indica que as ideias emancipacionistas não estavam restritas à Academia.

Já na Sessão de 28 de outubro de 1850, o Venerável Mestre, Barão de Ramalho, propôs que não se aceitasse à Iniciação, Profanos que tivessem relação direta com o tráfico de escravos e que fossem favoráveis às ideias antiescravistas.

Notadamente a Loja *América* desempenhou papel significativo no movimento abolicionista paulista, seus esforços filantrópicos eram reconhecidos no jornal *Radical Paulistano*. Sua diretoria era majoritariamente abolicionista. A quarta administração, empossada em 19 de agosto de 1871, tinha como Venerável Mestre: Américo Brasiliense, Grau 18; 1° Vigilante: Américo de Campos, Grau 18; 2° Vigilante: Luiz Gama, Grau 18; Chanceler: José Antonio do Amaral, Grau 3 e Secretário: Carlos Ferreira. Já a 7ª administração, empossada em agosto de 1874, era composta pelo Venerável Mestre: Luiz Gama, Grau 30; Venerável de Honra: Américo Brasiliense, Grau 18 e Antônio Carlos, Grau 33; 1° Vigilante: Américo de Campos, Grau 30.

Constituiu-se em poderoso espaço de discussões favoráveis à abolição. Frequentavam-na figuras importantes, simpáticas à causa abolicionista. Nomes como Rui Barbosa, José Bonifácio, o moço[25], Luiz Gama e Joaquim Saldanha Marinho[26].

Fundada em 1868 e regularizada em 1869, constavam entre seus fundadores: o professor e fazendeiro Antônio Carlos Ribeiro de Andrada Machado e Silva[27]; o negociante Vicente Rodrigues da Silva; o médico Dr. Ignácio Emílio Achiles Bethold[28]; o advogado, jornalista e republicano Salvador Furtado de Mendonça Drummond; o negociante Rufino Mariano de Barros; o advogado José Maria de Andrade; os funcionários públicos Ciríaco Antonio dos Santos e Silva[29] e Antonio Louzada Antunes; o advogado Dr. Olímpio da Paixão; o estudante Joaquim Tavares Guerra; o negociante Jerônimo José de Andrade. O rábula e jornalista Luiz Gonzaga

---

25 José Bonifácio de Andrada e Silva (1827 – 1886), poeta, jurista, professor e político. Filho de Martins Francisco Ribeiro de Andrada, irmão do *Patriarca da Independência,* e Gabriela Frederica Ribeiro de Andrada, filha do *Patriarca da Independência.* Apelidado de "*o moço*" para distingui-lo do tio-avô. Formou-se em Direito em 1853, foi professor na Faculdade de Recife e de São Paulo. Deputado de 1861/1868, de 1878/1879 e Senador de 1879/1886. Ministro da Marinha em 1862. Patrono da cadeira 22 da Academia Brasileira de Letras e da cadeira 7, da Academia Paulista de Letras.

26 Advogado, político, líder republicano e presidente da província de São Paulo. Liderou um grupo de dissidentes do Grande Oriente do Brasil, formando a Obediência do Vale dos Beneditinos. O motivo da dissidência foi uma eleição, no Grande Oriente do Brasil, onde foram censurados por considerarem válidos os votos dos membros honorários. Concretizada a cisão, assumiu o Grão-Mestrado do Grande Oriente do Brasil, em 1864, o Barão de Cairu, que só ficaria no cargo até 1865, sendo sucedido por Joaquim Marcelino de Brito. No Grande Oriente do Vale dos Beneditinos, o Grão-Mestrado foi entregue a Saldanha Marinho. Em 1873, há a união dos dissidentes no Grande Oriente do Brasil, através da mediação do Conde de Parati; o Grão-Mestre do Grande Oriente era o Visconde do Rio Branco, eleito em 1870. Pouco durou a união, pois, realizadas as eleições, com a vitória de Saldanha Marinho, Rio Branco anulou a fusão; o Grande Oriente dos Beneditinos, assim mesmo, passou a ser o Grande Oriente Unido, que chegou a ter 20 Lojas no Rio de Janeiro, 11 em São Paulo, 4 no estado do Rio, 3 na Bahia, 3 no Pará, 2 em Pernambuco, 2 no Paraná, 1 no Maranhão, 1 em Santa Catarina, 1 no Rio Grande do Sul e 1 no Paraguai. A separação persistiu até 21/12/1882, sendo Grão-Mestre do Grande Oriente do Brasil o Marechal Cardoso Junior.

27 (1830 – 1930), filho do Conselheiro Antônio Carlos Ribeiro de Andrada e Silva e de Anana Josephina de Andrada, era sobrinho do *Patriarca da Independência,* doutor em Direito, professor na Faculdade de Direito do Largo de São Francisco, deputado provincial, deputado geral de 1867/1868 e, na República, Procurador-Geral do Estado de São Paulo.

Pinto da Gama; os advogados Ferreira de Meneses e Américo Brasiliense de Almeida Melo[30] e o advogado e jornalista Américo Brasílio de Campos[31]. Dois anos depois da sua criação, já contava com 130 Membros, inclusive com alguns fazendeiros progressistas.

A ação da Loja *América*, de patrocinar alforrias judicialmente, era amplamente divulgada na imprensa. Com três anos de existência, divulgava um artigo assinado por Américo de Campos (1° Vigilante), Luiz Gama (2° Vigilante), J. Ferreira de Menezes, Vicente R. da Silva, Carlos Ferreira, Fernando Luiz Osório e Olympio da Paixão, informando que: "*o número de libertandos por via de ações no foro desta capital, e em outros por determinação da Loja sobem a mais de trezentos*".

Entre 1869, até início da década de 1870, era comum encontrar nos jornais *Radical Paulistano, Correio Paulistano e Ypiranga*, anúncios de advogados das Lojas maçônicas, tais

---

28 Nasceu em Milão, Itália, em 1810, graduou-se pela Universidade de Pávia. Veio para o Brasil em 1831, em consequência da insurreição contra o governo pontifício. Residiu em Santa Catarina e depois no Rio de Janeiro, em São Paulo e em Campinas (SP). Por motivos ignorados, tornou-se inimigo de Bernardino José de Campos. Foi um carbonário – sociedade secreta italiana, pseudomaçônica, de ideais liberais e que usava métodos terroristas – sonhou e lutou pela democracia e pela abolição da escravidão. Foi colaborador do semanário "*Aurora Campineira*". O Visconde de Taunay em sua obra *Estrangeiros Ilustres e Prestimosos no Brasil*, diz ser ele "*um homem de grande inteligência, mas de ideias e teorias violentas; clínico em Campinas e depois em São Paulo, onde se notabilizou pela campanha em prol da hospitalização dos leprosos. Liberal convicto, extremado, combativo, polemista, tomava posições e as sustentava com o arroubo de suas ações num proselitismo audaz, com gestos muitas vezes extremados, barricadas cívicas por melhores tempos, dias de esperança e certeza pela lei e o direito*". Salvador de Mendonça dizia que ele era uma segunda edição correta e aumentada de Líbero Badaró. Foi o primeiro presidente da *Sociedade Italiana de Beneficência de São Paulo*. Faleceu em 20/3/1886, em São Paulo, onde clinicava desde janeiro de 1864. Miranda Azevedo fez uma oração junto à sua sepultura, "*exaltando seu vasto saber e o sentimento humanitário que sempre o distinguiram*". Em seu necrológio, Américo de Campos disse: "*Era um Voltaire encadernado de Golias*". Legou todos os seus livros ao seu sobrinho, com a condição de "*caso não ter esse destino, esse acervo seria dado à Biblioteca Independência da Loja Maçônica de Campinas*". É patrono da cadeira 96 da Academia de Medicina de São Paulo.

29 Em Pernambuco, John Rockwell Smith (1846-1918) fez contatos com a Maçonaria e com Ciríaco Antônio dos Santos e Silva, que se tornara protestante em São Paulo. Ciríaco, aconselhado por Smith, fundou o Jornal *O Verdadeiro Católico*, para o qual Smith contribuiu com ideias e artigos. Ciríaco fornecia à imprensa maçônica

como Luiz Gama, Américo de Campos, Olympio da Paixão e Antonio José Ferreira Braga Júnior, oferecendo gratuitamente seus serviços aos escravos.

As Lojas, além de alforriarem cativos, dedicaram-se à caridade, oferecendo ajuda aos necessitados e incentivando iniciativas a favor da educação popular e gratuita. Em 16 de junho de 1869, fundou uma escola que oferecia instrução primária para menores de ambos os sexos e instrução noturna para adultos. Entre os professores do curso noturno estavam Rui Barbosa, Luiz Gama, Antônio José Cardoso, Henrique Antonio Barnabé Vicente, Rodrigues da Silva e Dona Guilhermina Santa Anna Junker, responsável por lecionar para os menores. Conforme o jornal "O *Ipiranga*", de 16 de junho de 1869:

> *"O Sr. secretário da loja maçônica América, estabelecida nesta capital, confiou-nos os livros de matrículas das duas aulas – uma nocturna e outra diurna – creadas e mantidas pela mencionada loja, dos quaes extrahimos o*

---

pernambucana artigos de autores protestantes, que serviram para envenenar o clima entre o Bispo D. Vital e a Maçonaria, quando da Questão Religiosa, de 1872.

30 (1833 – 1896), foi presidente de São Paulo, de março a dezembro/1891, de 11-13/6/1891 e de 16/6 – 15/12/1891. Formou-se em 1855. Foi presidente das províncias da Paraíba e do Rio de Janeiro. Por São Paulo foi vereador de 1881/1882 e deputado de 1868/1889. Promulgou a primeira Constituição do Estado de São Paulo e elaborou o projeto da primeira Constituição Federal de 1891. Faleceu no Rio de Janeiro, como Ministro do Supremo Tribunal Federal. Escreveu: *Os Programas dos Partidos e o Segundo Império; Elogios aos Paulistas; Exposição de História Pátria; Lições de História Pátria* e *Jornal de Terentilho Arsa*. Iniciado na Loja *Amizade*, foi Venerável da Loja de 1870/1871, onde se filiara em 15/8/1870.

31 (1835 – 1900), advogado, dramaturgo, jornalista, político e diplomata. Formado pela Faculdade de Direito de São Paulo, foi promotor-público em Itu, até 1862. De 1865/1874, foi redator do *Correio Paulistano*, em 1866, juntamente com Ângelo Agostini, funda *O Cabrião*, que circulou até 1867. Em 1875, juntamente com o Maçom Rodrigues Pestana, funda o *Província de São Paulo* que, com a República, passou a chamar *O Estado de S. Paulo*. Em 1884, junto com o Maçom José Maria Lisboa, funda o *Diário Popular*. Importante defensor dos ideais abolicionistas e republicanos, e membro da Convenção de Itu, foi nomeado cônsul em Nápoles, onde faleceu. Escreveu a peça *Concílio das Comadres*. Provavelmente foi Iniciado na Loja *Amizade*, quando ainda estudante de Direito, e teve sua documentação totalmente destruída. Foi Venerável da Loja *América*, de 1889/1890.

seguinte resumo: Eschola nocturna– matricularam-se 252 alumnos, a saber: livres, 217; escravos 35. São: solteiros 231; viúvos 2; casados 16; de 5 a 10 annos 36; de 10 a 20, 132; de 20 a 30, 55; de 30 a 40, 16; de 40 a 70, 13. Brazileiros 222; portuguezes 18; africanos; allemães 3; suisso 1; hespanhol 1; italiano 1; militares 6; alfaiates 25; sapateiros 10; pedreiros 13; carpinteiros 20; marceneiros 10; charuteiros 3; padeiros 4; ourives 1; commerciantes 4; correiros 5; chapeleiros 4; ourives 1; carroceiros 5; caixeiros 3; marchante 1; agente 2; cocheiros 4; ferreiros 8; barbeiro 1; canteiro 1; cosinheiros (sic) 2; oleiros 2; typographo 1; pintores 3; serralheiro 1; lavradores 2; funileiro 1; creados 88; sem offício 21. Os indivíduos notados sob designação – sem offício – são menores. Eschola diurna – para menores de ambos os sexos. Matricularam-se 39 alumnos, sendo: do sexo masculino, 20. Destes são escravos 2, estrangeiros 2, brazileiros 18. Do sexo feminino 19, sendo estrangeiras 2, escrava 1".

A escola registrou a matrícula de 37 escravos, sendo 35 adultos e 2 crianças. O número pequeno de cativos é explicado pelo fato de que dependiam da autorização de seus senhores para se matricularem. Estes se sentiam ameaçados com o projeto organizado por uma Loja maçônica que promovia a libertação dos cativos e que aparecia como suspeita de confabular contra escravidão.

Um relatório publicado pela Loja, no *Correio Paulistano*, de 29 de novembro de 1870, mostra que havia 214 alunos matriculados. A Loja criou também uma biblioteca em 1871, localizada na Rua do Rosário. Todo o acervo era fornecido pela própria Loja.

Em julho de 1869, a Loja articulou a criação da sociedade emancipacionista *Redentora,* administrada apenas por senhoras, que contou com 113 mulheres. Todas as suas ações eram publicadas no *Correio Paulistano;* conforme o trecho abaixo que saiu no dia 12 de julho de 1870.

> *"Nós confiamos plenamente na dedicação das senhoras de São Paulo e nas habilitações das que compõem o diretório, e por isso nutrimos larga esperança de que tão bela instituição há de florir e prosperar, para ventura das míseras crianças que daí vão receber uma segunda vida como o batismo da liberdade, e para a honra das senhoras, que de tal arte engrandecer-se-ão aos olhos do país engrandecendo a província".*

Em 10 de abril de 1870, através do *Correio Paulistano*, a Loja convoca as mulheres a participarem da *Redentora*:

> *"Os membros da comissão incumbida pela Loja América de convidar as senhoras residentes na capital para a fundação d'aquela sociedade continuam a encontrar entusiástico assentimento na máxima parte das senhoras com que se hão entendido. O número das aderências mais e mais avulta. Esta generosidade elevação de sentimentos com que sabem as senhoras de São Paulo honrar a si mesmas, honrando a província e o século...".*

As mulheres paulistas não ficaram à parte do movimento abolicionista, entre 1868/1888, tendo sido fundadas as seguintes associações abolicionistas: *Sociedade Esperança,* em 1867; a *Sociedade Redentora da Criança Escrava* – essa mista – em 1870, a *Emancipadora* – também mista – em 1871 e a *Associação Protetora dos Escravos,* em 1882.

A Loja *América* promovia a concessão de alforrias com verbas do fundo de emancipação que mantinha através de doações de seus sócios e Membros e, através da associação libertadora de escravos, promovia diversos eventos públicos a fim de arrecadar dinheiro e divulgar ideias abolicionistas. Mantinha vínculos com outras associações libertadoras independentes.

Em muitas ocasiões as Lojas agiam em conjunto na articulação de projetos políticos comuns, que eram noticiadas nos jornais da província: o *Correio Paulistano*, *A Gazeta de Campinas* e *A Província de São Paulo*. As Lojas da capital – a *Amizade*, a *Piratininga*, a *Sete de Setembro* e a *América* – e as Lojas do interior – a *Independência* e a *Fidelidade* de Campinas e a *Perseverança* de Sorocaba – comumente utilizavam esses jornais como veículo de comunicação entre seus Membros, às demais Lojas e como instrumento de propaganda.

As relações entre as Lojas e seus Membros podem ser constatadas na fundação de novas Lojas. Em 18 de agosto de 1872, Bernardino de Campos fundou a Loja *Trabalho* em Amparo; Campos Salles foi um dos fundadores da Loja *Sete de Setembro,* em 1863, em São Paulo, e, em 1883, da Loja *Regeneração III,* em Campinas. Francisco Glicério, Iniciado na Loja *Independência* de Campinas, frequentava a Loja *Piratininga,* em São Paulo, e tinha contato com a Loja *América*. João Tibiriçá Piratininga, Iniciado provavelmente, na Loja *Amizade*, pertenceu depois à Loja *Beneficência Ituana*. Manoel de Moraes Barros já era Maçom quando da fundação da Loja *Beneficência Ituana,* em 29 de abril de 1873, e foi em 1875, juntamente com seu irmão Prudente de Moraes, fundador da Loja *Piracicaba,* filiada ao Grande Oriente Unido de Saldanha Marinho. Ubaldino do Amaral, Iniciado na Loja *Constancia,* de Sorocaba, em 19 de julho de 1869, foi um dos fundadores da Loja *Perseverança III*. E também, no envio de comissões em festas e para regularização de novas Lojas. O

Correio Paulistano, de 8 de junho de 1870, informa que a Loja de Jundiaí foi regularizada pelo Grande Oriente dos Beneditinos, e faziam parte da comissão regularizadora os Irmãos da Loja *América*: Américo de Campos, Duarte Pinto e Luiz Gama; usaram da palavra Antonio B. Palhares de Camargo da Loja *Lealdade*; A. de Miranda da Loja *Sete de Setembro* e Olympio da Paixão da Loja *América*. Em outra notícia, de 12 de janeiro de 1873, *A Gazeta de Campinas* anunciou que na Loja *Fidelidade*:

> *"Hoje celebrar-se-ha, às 8 horas da noite, a ceremonia da regularisação da Loj∴ Fidelidade sob os auspícios do Gr∴ Or∴ do Brasil. Convidam-se todos os MMacç∴ avulsos para esse acto, e os das demais off∴ regulares. O secretário adj∴ Antonio Rodrigues dos Santos".*

As Lojas *Piratininga* e *Amizade*, assim como a sociedade *Onze de Agosto*, optaram pela libertação de escravos do sexo feminino. A Loja *América* investiu na alforria de crianças do sexo feminino menores de sete anos, bem como as sociedades *Fraternização Primeira* e a *Redentora*, ambas voltadas exclusivamente para este fim, já que as duas mantinham ligação direta com a Loja. A sociedade *Fraternização* que, entre 1864/1869, priorizou a alforria dos cativos adultos, a partir de 1870 passou a libertar somente as crianças cativas. A mudança foi resultado da aproximação da *Fraternização* à Loja *América*, que lhe ofereceu apoio financeiro, colaborando também com a criação do novo estatuto constando que libertaria apenas as crianças cativas e passaria a ser chamada *Fraternização Primeira*.

As medidas empreendidas pela Maçonaria eram eminentemente dentro da legalidade, pois havia uma preocupação em não radicalizar o processo de transição do trabalho escravo para o livre. Mesmo assim, eram acusadas pelos escravistas de ações obscuras e ilícitas. Em 10 de novembro de 1870, no *Correio Paulistano,* Américo Brasiliense defende a ação das Lojas:

> *"Seja-me lícito dizer nesta ocasião que a Loja América não tendo afastado da órbita legal no exercício da caridade é, entretanto, desde sua fundação, alvo de injustas agressões – filhas da má fé de alguns de seus desafetos e da falta de bom senso de outros, atribuindo-lhe intentos condenáveis [...] Devo porém deixar bem patente que esses meios não podem fazê-la recuar, se são manejados nesse intuito, do cumprimento de suas obrigações, e nem chamar sobre Ella a indignação geral".*

Em 10 de novembro de 1871, Luiz Gama, no *Correio Paulistano,* defende a Loja *América*, endossando a argumentação emancipacionista de que não tinha interesse em promover a desordem pública:

> *"Sei que algumas pessoas desta cidade, aproveitando caridosamente o ensejo do movimento acadêmico, mandaram dizer para a corte, e para o interior da província, que isto por aqui peso de enormes calamidades, ardia entre desastres temerosos, e desolações horríveis, atentos por agentes da Internacional! ... e que eu (que não deveria por certo, faltar a sinistra balbúrdia) estava capitaneando uma tremenda insurreição de escravos [...] Parece, à primeira vista, que tudo não passou de simples manejo de boatos[...] propalados por histeria de surdo, no intuito de promoverem o riso dos parnalhos de certo os ânimos joviais muito terão folgado com estes chorilhos de mentiras extravagantes [...] Sou agente da Loja América em*

questão de manumissão, e, com o eficaz apoio dela, tenho promovido muitas ações perante os tribunais, 'em favor de pessoas livres, ilegalmente mantidos em cativeiro'. A isto somente, e à promoção de subscrições filantrópicas em proveito dos que pretendem alforriar-se, tem-se limitado todo o meu empenho em prol da emancipação; nem outra há sido a nobre missão da Loja América. Protesto sinceramente, não só para fazer calar os meus caluniadores políticos, como aos inimigos da Loja América, que não sou nem serei jamais agente promotor de insurreições, porque de tais desordens e conturbações sociais não poderá jamais provir o menor benefício à mísera escravatura, e muito menos ao Partido Republicano, a que pertenço, cuja missão – consiste, entre nós, em esclarecer o país".

No *Correio Paulistano,* de 19 de abril de 1879, a Loja, em comunicado assinado pelo Venerável Mestre, Américo Brasiliense, e pelo 1° Vigilante, Américo Campos, se defendia:

> *"Propalam nesta capital, e ao que consta também no interior que a Loj∴ América emprega meios violentos e criminosos a bem da libertação de escravos nessa província (...) Por autorização e em nome da Loja declaramos que são falsos semelhantes boatos. (...) Sua ação neste sentido nunca passou do exercício da filantropia (...) O que a Loja fez foi arrecadar esmolas ou apoiar causas no tribunal".*

Apesar da luta pela libertação dos escravos, somente em 1876, o Vale dos Beneditinos passou a aceitar libertos à Iniciação e o Vale do Lavradio, somente em 1883.

Antonio Bento já era reconhecido pelo seu trabalho abolicionista, o *Jornal do Comércio,* de 4 de agosto de 1883, informava:

"Eis um nome que vai se impondo à gratidão, digo não só dos abolicionistas, mas dos patriotas sinceros. É admirável a atividade do Dr. Antonio Bento em tudo o que concerne à grande causa – a causa da extinção do elemento servil. Raro é o dia em que s.s. não consegue arrancar um ou dois infelizes à monstruosa instituição! Bravo, senhor Antonio Bento. Os homens de bem o aplaudem".

O líder abolicionista de Jacareí, Antonio Gomes de Azevedo Sampaio, nos informa:

"Por esta fase do abolicionismo Antonio Bento tornou-se então uma espécie de Papa que ouvia diariamente, em audiência solene, os seus ministros. Por esta fase vi muitos dos espoliados pelos incruentos caifazes lhe vinham ao beija-mão, fazendo profissão de fé abolicionista como ninguém. [...] Contudo, já o nome de Antonio Bento significava uma espécie de estandarte sagrado em diversos combates mais ou menos vitoriosos[32]".

Juntamente com Bernardino Pamplona, Francisco Glycério, Américo e Bernardino Campos, Bento Quirino dos Santos, fazia conferências públicas no Salão Concórdia, na Rua São João.

Em 4 de agosto de 1883, no *Diário de São Paulo,* o negociante de Santos José Francisco Bittencourt reclamava seu direito de propriedade, afirmando que sua escrava Glicéria, mandada à capital para ser vendida, encontrava-se depositada tratando de sua liberdade. Descobriu, no cartório de Clímaco de Oliveira, que ela se achava depositada em poder de Antonio Bento.

---

32 Sampaio, Antonio Gomes de Azevedo, O abolicionismo.

"Requeri ao dr. Juiz de Direito da 2ª Vara que mandasse levantar o depósito do pecúlio da escrava, visto ser incompetente o Juiz da 2ª Vara para prosseguir a ação, porquanto o foro competente era o do meu domicílio. Em virtude do que o dito juiz deferiu o meu pedido(...). Intimado o depositário, declarou aos oficiais incumbidos que voltassem mais tarde, visto não estar na ocasião em sua casa a escrava Glicéria. Voltando mais tarde os oficiais de justiça, declarou o depositário que não fazia a entrega, visto ter o juiz da Domingos Ribeiro mandado haver sustado o levantamento do depósito, por ter requerido uma justificação a fim de provar que dita escrava achava-se nesta capital para ser vendida por mandado de seu senhor".

Antonio Bento havia ido ao juiz Ribeiro, argumentando que a escrava estava morando na capital com autorização do seu senhor. Por fim, após várias protelações, causadas pelas artimanhas de Antonio Bento, o juiz despachou para que a escrava fosse entregue ao seu senhor. Antonio Bento entregou a escrava, e é José Francisco Bittencourt que relata:

"Descendo os oficiais com a escrava à rua do Imperador e encontrando-me na porta do escrivão Paulo Delfino, quiseram-me entregar e eu declarei não receber a escrava no meio da rua, que a levassem ou à casa 86 na rua Santa Efigênia, ou no estabelecimento dos senhores Moreira e Abílio Soares, no largo do Palácio, n. 8. Nesta ocasião chegaram uns indivíduos que protestaram não consentir em que a escrava voltasse ao meu poder, agarraram-na e botaram-na num carro de praça que disparou em busca do Largo da Liberdade".

Em 10 de agosto de 1883, no *Diário de São Paulo*, o fazendeiro Joaquim José de Macedo publica a seguinte carta:

"À Justiça e à Polícia. Da minha fazenda, situada em Jacareí, fugiram no dia 9 do mês próximo passado, 3 escravos de nome João, Luiz e Gabriel. Logo que este fato chegou ao meu conhecimento, dirigi-me à estação da estrada de ferro, na referida cidade, e seu chefe comunicou-me que eles embarcaram com destino a esta capital, em companhia de seu pai, Ricardo, preto forro, e que fora meu escravo que lhes dera a passagem, e de um tal João Fernandes. Tomando as providências que devia tomar, obtive um mandado de busca, e os escravos não foram encontrados na casa de seus pais. Então, meu genro Lucio Moreira de Melo e meu sobrinho José de Souza Macedo dirigiram-se à casa do Sr. dr. Antonio Bento, e esse lhes disse que aqueles escravos estavam em seu poder e que ele mesmo os tinha ido buscar! E até hoje não sei em que lei se funda aquele Sr. dr. para conservar meus escravos em seu poder, sem que por isso cometa um delito, e nem em que lugar se acham os mesmos escravos! Peço aos juízes e às autoridade policiais que me garantam os meus direitos e me concedam proteção da lei. SP, 9 de agosto de 1883".

Escrivães, como Clímaco de Oliveira, e donos de cartórios, como depositários dos pecúlios, ajudavam Antonio Bento em suas artimanhas jurídicas. O escrivão declarava nos autos que o pecúlio havia sido apresentado, mas não fazia o seu termo de depósito, Antonio Bento protelava o processo o mais possível, fazendo com que o escravo ficasse mais tempo livre, causando prejuízo e cansando o senhor do escravo, que preferia fazer um acordo. Quando o senhor do escravo procurava o pecúlio pela indenização do escravo, já libertado, nada encontrava.

Tentando desmoralizar Antonio Bento, os escravagistas o chamavam de *papa-pecúlios*, insinuando que ficava com os pecúlios e acusavam-no de alugar os escravos, recebendo benefício financeiro dos escravos. Na verdade, Antonio Bento já previa a grande tragédia que viria com a abolição dos escravos, sem um amparo aos libertos, ele procurava inserir esses escravos no mercado de trabalho e na sociedade, para que recuperassem e vivessem com a dignidade de um trabalho.

Os Caifazes enviavam emissários ao interior, disfarçados de "*cometas*" – mascates ou viajantes – que iam às fazendas oferecendo mercadorias, onde se hospedavam, aproveitando para entrarem em contato com os escravos, e incentivavam e organizavam as fugas. Para as autoridades e fazendeiros eram considerados bandidos e ladrões, e como tal eram tratados, quando não eram presos, eram mortos em emboscadas.

Em 8 de setembro de 1887, o jornal *Redenção* explicava:

> *"Em Caçapava são eles processados por ladrões e em Jacareí por sediciosos! [...] a escravidão traz este embaraço mental às autoridades que a apóiam. Obrigadas como escravos dos fazendeiros, coagidas por esses mandões, aflitas para servi-los, ficam tontas, embaraçadas, e dando por paus e por pedras, o que querem é arranjar um processo".*

Em defesa dos membros do *Clube Abolicionista de Jacareí*, fundado em 13 de agosto de 1887, presidido por Antonio Gomes de Azevedo, que sofreram diversas perseguições, com proibições de reuniões, processos, provocações e violências. Culminado por serem presos ilegalmente e incomunicáveis, o jornal *Redenção* clamava:

> *"QUESTÃO DE JACAREHY. Não cessaremos de clamar*

enquanto as autoridades, esquecidas do fim para que foram criadas, continuarem a ser agentes de mandões de aldeia, com detrimento da lei e da justiça. O processo feito pelo juiz municipal de Jacareí, a perseguição que têm sofrido ali os nossos companheiros, não é mais do que uma satisfação, não é mais do que uma humilhação de algumas autoridades aos nababos daquele termo. Todo o mundo sabe que o roubo de escravos é uma chapa ridícula e já completamente desusada. O código define o furto: a tirada de coisa alheia contra a vontade de seu dono, para si ou para outrem. Os abolicionistas, mesmo cometendo violências na tirada de homens que são obrigados a trabalhar como escravos, não fazem mais do que dar a esses indivíduos a liberdade que lhes foi roubada. Se há ladrões, se há homens que mereçam ser encarcerados eternamente são os que possuem escravos. Os atuais possuidores de escravos de Jacareí conhecem perfeitamente que aquela cidade era o depósito de africanos que eram trazidos da costa da África, depois da lei, para serem ilegalmente vendidos como escravos. A maior parte das culturas de Jacareí tiveram por origem o tráfico imoral e indecente de africanos. Todos sabem que o maior traficante de escravos que teve a província de S. Paulo foi o celebérrimo João da Costa Gomes Leitão, que deixou uma fortuna grande que dá hoje para tudo, até para se torcer a justiça. Libertar escravos em Jacareí não é crime; mas um ato de justiça que devia até de ser praticado pelas próprias autoridades. Sabemos perfeitamente que o próprio JUIZ que sujou a sua pena dando um despacho de pronúncia contra o direito e contra a razão, o fez unicamente para agradar aos ricos da terra. Deve estar contente esse magistrado; há de subir necessariamente na sua carreira, porque além de influência própria da família terá proteção também dos ricos de Jacareí, eles devem de estar satisfeitos de ter um juiz que sabe cumprir com a lei, metendo abolicionistas na cadeia".

Sobre os Caifazes, Evaristo de Morais em depoimento a Bueno de Andrada relata:

"(..) A cada caifás distribuía-se uma tarefa especial, segundo as suas aptidões naturais. A Antonio Paciência, como sua alcunha indica, reservaram-se os encargos que requeriam demorada observação. Muitas vezes foi destacado para servir em fazendas do interior, até descobrir os meios de retirar de lá a escravatura. Era o tipo mais completo da mansidão, no falar, e de energia, na ação. O velho Conselheiro Saraiva, seu ídolo, o tinha levado para São Paulo durante sua honesta presidência, para empregá-lo como empreiteiro de obra. Conseguira regular fortuna[33]*. O tempo e o dinheiro que gastou na abolição o reduziram à pobreza. Para acompanhar as turmas fugitivas, durante o percurso nas estradas de ferro, encontramos o emissário ideal na pessoa do calmo, valentíssimo, inteligente e sagaz Rodolfo Silveira da Mota. Embarcados que fossem em estrada de ferro um ou mais escravos, sob proteção de Rodolfo Mota, estávamos tranquilos. Por bem ou por mal, chegariam ao seu destino. Outro companheiro preciosíssimo foi um preto de nome Antonio. Esse tinha a especialidade de penetrar nos quadrados das fazendas, durante a noite, para convidar os outros a fugirem. Missão arriscadíssima, que ele desempenhou com êxito muitas vezes, e tão perigosa que ele terminou a útil vida sendo*

[33] Grande amigo de Antonio Bento, a ele cabia as missões de longa duração e cuidadosa dissimulação. Além da mansidão no falar e energia na ação, por conhecer vários ofícios manuais, facilmente se empregava nas fazendas.

assassinado, em pleno trabalho abolicionista, ao transpor a porteira de uma fazenda, em Belém do Descalvado...".

Também atuava outro Antônio,

> *"preto reforçado, de estatura menos que mear, de olhos vivíssimos, compreendendo todos os planos e nada respondendo(...) Tinha por especialidade penetrar durante a noite nos cercados 'quadrados' das fazendas para convidar seus ex-coparticipantes de desventura para fugirem do eito".*

Este é o que morreu em Belém do Descalvado.

Entre os que atuavam diretamente na ação subversiva, destacavam-se: Bento Soares Queiroz, empreiteiro de obras e proprietário de olarias que, juntamente com seus empregados, realizava ações para os Caifazes. Conhecido como Bento Ventania, por ser muito falador, estabanado e gesticular muito. Cabo eleitoral dos Liberais, separava-se do partido sempre que os interesses destes entravam em conflito com o abolicionismo. Pedro Arbues, tipógrafo e fundador de um periódico abolicionista e republicano com o título *Grito do Povo*; os Louzadas e seus companheiros de trabalho; os comerciantes Abílio Soares e Antônio da Costa Moreira, que ocultavam os negros fugidos e, ainda, Luís Labre, Cândido Martins e Celestino Bourroul.

Após a fuga, muitos escravos eram transportados clandestinamente pelas ferrovias, com o apoio dos ferroviários, que faziam parte da rede clandestina dos Caifazes, desde o mais modesto funcionário até os que ocupavam cargos de chefia.

À medida que a ferrovia penetrava o interior, a área plantada com café crescia rapidamente, necessitando de mais trabalhadores, gerando uma significativa transformação das relações de trabalho na segunda metade do século XIX. Contribuíram para reduzir a demanda crescente por trabalhadores, permitindo a liberação de milhares de trabalhadores engajados no antigo sistema de tropas de mulas e sua alocação em atividades dentro do setor agroexportador. Ao empregar apenas trabalho assalariado e promovendo a imigração, estimularam a constituição de um mercado de trabalho livre e constituição de um mercado de trabalho urbano.

A rede ferroviária que havia sido criada para escoar a produção de café, fruto do trabalho e sangue escravo, agora era utilizada para libertar esses mesmos escravos. A Estrada de Ferro Santos-Jundiaí, a São Paulo – Railway, conhecida como inglesa, era formada por ingleses, todos abolicionistas. Nela, tanto os vagões como as edificações eram considerados uma espécie de território inglês e as autoridades policiais não podiam atuar sem a permissão de seus funcionários, e qualquer atrito poderia virar um incidente internacional. Além do que, o presidente da companhia era muito amigo do presidente da província, o que era uma garantia extra de segurança para as ações na Santos-Jundiaí.

A zona da Estrada de Ferro Mogiana era o eixo de maior atuação dos Caifazes. Não havia trem de passageiros no qual um negro fugitivo não encontrasse ajuda, como não havia estação onde não recebesse acolhida. Até o superintendente da Companhia Estrada de Ferro Sorocabana embarcava os fugitivos e telegrafava aos Caifazes, para que os esperassem e despistassem a polícia.

O envio de escravos fugidos para o Rio de Janeiro era feito pela Estrada de Ferro Dom Pedro II, que ia diariamente para a Corte. Nas missões de acompanhar escravos fugidos, destacou-se Rodolpho Motta, calmo, valentíssimo e inteligente, dizia-se que o escravo que estivesse sob a sua proteção chegava ao destino, fosse pela razão ou pela força.

O depoimento dado no *Diário de São Paulo*, em 15 de maio de 1888, pelo Coronel Feliciano Narcisio Bicudo, fundador e presidente do famoso *Clube dos Abolicionistas do Braz*, "*que tantas estripulias fez em São Paulo e tantos escravos libertou em situações as mais diversas e muitas vezes dramáticas*", dá-nos uma ideia do tipo de ação e os riscos que corriam os Caifazes disfarçados, esperando a chegada dos escravos fugidos, para na hora certa dar proteção e enfrentar, caso necessário, a polícia.

> *"Lembro-me, também, de que um dia recebi de Santos um telegrama sem assinatura e somente com estas palavras: Encomenda segue hoje trem 10, espere estação. Surpreendido, mas desconfiado de que algo de anormal seria, convidei um meu vizinho, grande e decidido abolicionista, membro do Clube do Braz, em cujo bairro morávamos, e fomos ambos para a pequena estação. À chegada do trem, tive a felicidade de ver, junto a um latagão espanhol, conhecidíssima preta de Santos, e percebi, imediatamente, que a encomenda era aquela. Tomamos ambos o mesmo vagão em que viajavam o senhor e a escrava e, ao chegar à Luz, enquanto o meu companheiro, homem forte também, fingia um tropeção, caindo sobre o espanhol e atrapalhando-o por momentos, eu tomava a preta pela mão e saía com ela, rapidamente, vagão afora, passando entre dois policiais que guarneciam a saída da estação e que nos ficaram a olhar, aturdidamente, sem poderem compreender a cena de primeira vista. Num ápice meti a escrava num dos carros da Luz – sendo justo que diga-se de passagem, todos os cocheiros de São Paulo eram abolicionistas e exerceram na campanha relevantíssimo papel – e, duas horas depois, já*

a tinha escondida num pequeno subterrâneo que fizera em minha casa para esse fim, cuja entrada ficava por baixo de uma grande arca onde guardávamos coisas velhas e objetos de família. Antonio Bento soube desse fato mais tarde e gabou muito a habilidade do raptor, mas só soube que fora eu esse raptor no primeiro encontro que tivemos. Pela preta subtraída, foi que soube que o telegrama recebido era do Santos Garrafão, a grande figura popular da cidade de Santos, que a avisara do que ia fazer, aconselhando-a a se fazer vista por mim na estação do Braz e a obedecer a todos os meus sinais ou atos em seu favor. Assim como eu, muito trabalharam centenas de abolicionistas em São Paulo, sendo justo lembrar os caifazes e os cometas, os chamados caixeiros viajantes, que, no interior, simulando visitas comerciais, aproximavam-se dos escravos pertencentes aos comerciantes visados, com sacrifício dos seus próprios interesses, combinando, com eles, a fuga em massa para Santos. Tal foi a atividade dos paulistas numa época em que era crime a proteção ao cativo, e, assim, Santos e São Paulo foram os realizadores da Abolição; nenhum governo, como nenhuma lei ou polícia seria capaz de impedir o grande trabalho libertador das duas cidades, que precipitavam a decretação da Lei Áurea, sob pena de breve e absoluta desmoralização do Governo Provincial e consequentemente Imperial, nessa questão importantíssima. Como o Tratado de 1750 veio dar ao Brasil os limites já dados ao País pelos Bandeirantes, ratificando apenas o que já fora feito, a Lei de 13 de maio de 1888 apenas fez isso também, ratificou o que já estava e o que vinha sendo feito contra todas as leis e disposições do Governo, e assim como ninguém pode tirar aos Bandeirantes a glória de realizadores da expansão territorial brasileira, ninguém poderá roubar também aos abolicionistas, especialmente aos da antiga Província de São Paulo, a glória da Abolição no Brasil".

Parece que Feliciano Bicudo tinha predileção por ações arriscadas. Em agosto de 1884 houve o roubo, à mão armada, de uma escrava, em plena luz do dia, na Rua do Hipódromo e no mês anterior houve outro em Perdizes. Segundo o chefe de polícia:

> *"No dia 25 foram presos por mandado do Juiz de Direito Criminal José Villa Maria, Felício Bicudo e João Ferreira, indiciados em crime de roubo de escravos".*

Este Caifaz, sempre audaz e decidido, em 1884, com os membros do *Clube Abolicionista do Brás*, invadiu uma chácara do Pari e, aos gritos de "*Viva os Abolicionistas e Morram os Escravocratas*!", foi exigida a libertação dos escravos.

Eis o depoimento de Feliciano Bicudo, sobre mais uma de suas ousadas ações:

> *"Companheiro de João Ferreira Granja e José Vila Maria, vultos de muito nome na São Paulo Abolicionista daquele tempo, fui, com eles, vítima da mesma prisão, em consequência de um furto de escravos que fizemos numa importantíssima chácara da Capital, quando se achava a família entretida com uma festa íntima, se não me falha a memória. Nessa ocasião, deixamos a importante família sem um criado sequer para servi-la, porque todos eram escravos e nós os encaminhamos para Santos, sob mil artifícios. Fomos, por isso, presos e processados. Vila Maria e Granja conseguiram, depois de algum tempo, escapar ao processo e deixar a prisão; eu, porém, só consegui desvencilhar-me da polícia, após uma série de circunstâncias, em que, disfarçado de tropeiro, até tive que*

refugiar-me em Santos, e após ter, algum tempo depois, respondido a júri, no qual fui unanimemente absolvido. Tive aí o oferecimento profissional de inúmeros advogados de São Paulo, mas só me utilizei dos eminentes drs. Fernandes Coelho e Joaquim José Vieira de Carvalho, conhecidos jurisconsultos, sendo este último santista".

Os escravos eram escondidos nas casas dos membros do movimento, depois lhes garantiam recursos para as viagens e refúgios, principalmente para o Quilombo de Jabaquara em Santos, numa rede de ajuda mútua através da Serra de Cubatão, e de lá para a Província do Ceará que, através de decreto de 25 de março de 1884, extiguira a escravidão, libertando os 19.588, que ainda existiam no estado. Gustavo Barroso, crítico e inimigo declarado da Maçonaria, reconhece em sua *História Secreta do Brasil*, que: *"sob a égide da maçonaria, o Ceará libertava seus negros e os das províncias vizinhas, que para lá corriam".*

A fuga não era o fim do sofrimento e do perigo, tinham que passar por uma verdadeira saga até chegar. Elisário Castanho Castan, no livro *Cenas da Abolição e Cenas Várias. Horrores da Escravidão no Brasil*, relata:

> *"Depois de longos dias de penosa marcha por péssimos e intérminos caminhos, homens, mulheres, velhos e crianças, famintos, cansados, enfraquecidos, esfarrapados, esses míseros componentes da mísera caravana, descia[m] a serra Paranapiacaba, [...] caminhava[m] pela estrada que margeia a linha férrea e se aproximava[m] da Ponte do Casqueiro, braço de mar que precisava atravessar para chegar a Santos, a cidade abolicionista por excelência, e daí ao Jabaquara, bairro da mesma cidade, refúgio de fugitivos onde descansaria[m], para depois cada um tomar o seu rumo".*

Grande consternação trouxe o famoso episódio envolvendo o liberto Pio, Caifás e estivador de Santos, que conduzia para o Jabaquara um grupo de escravos reunidos em Itu e fugidos da região de Salto, Capivari e Itu. Na altura do bairro de Santo Amaro, houve um encontro com a polícia, ocasionando a morte de um dos militares e do liberto Pio. O grupo foi brutalmente caçado, sendo muitos deles recapturados em Zanzala, ponto mais alto do Cubatão, quando seguiam para a Ponte do Casqueiro e a liberdade do outro lado do rio, no Guarujá, onde os esperavam os abolicionistas santistas.

Este acontecimento foi muito comentado nos jornais da época, gerando a revolta dos negros da cidade, que, aos gritos de "*Viva a Liberdade e Morram os Escravocratas*", invadiram o Largo do Palácio, agrediram os praças com cacetadas, pedradas e pauladas. O santista Vicente de Carvalho, com seu olhar e sensibilidade de poeta, inspirado nestes acontecimentos, escreveu com beleza e dramaticidade o poema *Fugindo ao Cativeiro.*

Antonio Augusto Santos, n'O *Estado de S. Paulo,* em 1926, na reportagem *Inquérito Histórico Sobre a Abolição Entre os Abolicionistas Vivos,* nos diz:

> *"A tragédia da Serra do Cubatão entre uma leva de escravos fugidos e a polícia, cantada nos belos versos de Vicente de Carvalho, é um dos episódios extraordinários do abolicionismo e precipitou o desfecho do problema que terminou com esse 13 de maio, uma das belas páginas da nossa história".*

O Maçom Evaristo de Morais relata:

> *"Antes, porém, de dedicarmos algumas linhas àquela verdadeira instituição abolicionista, cumpre não esquecer*

a Serra do Cubatão, a cavaleiro de Santos, caminho mais ou menos seguro para o trânsito dos que demandavam o citado quilombo. Celebrizou-se Cubatão, nos últimos anos de luta, porque era impenetrável à polícia paulista, sempre receosa de possíveis surpresas e emboscadas dos quilombolas. A propósito de Cubatão, ocorre-nos uma espécie de visão profética de Castro Alves. Quando ele, em São Paulo, supunha terminar o poema Os Escravos, comunicava ao seu amigo e cunhado Augusto Guimarães, na Bahia: 'Devo dizer-te que os meus Escravos estão prontos. Sabes como acaba o poema? Devo a São Paulo esta inspiração. Acabam no alto da Serra de Cubatão, ao romper da alvorada sobre a América. É um canto do futuro, o canto da esperança.' No começo de 1888, desciam os quilombolas de Cubatão, quase francamente a Santos, uns voltando para a Serra, outros dirigindo-se definitivamente para o Jabaquara. O número total deles subia, talvez, a dez mil(...) É São Bernardo uma vila situada na base da Serra do Mar, entre Santos e São Paulo, ponto de passagem quase obrigatório para os que, do interior, demandavam o solo livre de Santos. Os companheiros que ali favoreceram nossas empresas foram o Dr. Luiz Flaker, o professor normalista Lindolfo e o coronel João Teco".

Rui Barbosa, na Revista Ilustrada, nº 24, de 1887, também reconhecia a importância do Quilombo do Jabaquara:

"Hoje a regência pratica às escâncaras, em solenidades públicas, o acoitamento dos escravos [...] Mas isso depois que dos serros de Cubatão se desempenhava para libertar a avalanche negra, e o não quero do escravo impôs aos fazendeiros a abolição".

O Quilombo do Jabaquara surgiu em 1881, fruto de

uma reunião secreta na fábrica de cal do Major Xavier Pinheiro, com a presença de Américo Martins dos Santos, Guilherme Souto, Geraldo da Fonseca Leite, Júlio Backeuser, Ricardo Pinto de Oliveira, Júlio Maurício, Constantino de Mesquita, Joaquim Fernandes Pacheco, Teófilo de Arruda Mendes, José Inácio da Glória, Afonso Veridiano, Antônio Augusto Bastos e dois portugueses: José Teodoro dos Santos Pereira e Luiz de Mattos. Resolveram criar um quilombo, para recolher os escravos fugitivos do interior da província.

O lugar escolhido foi os fundos da propriedade de Mathias Costas, uma extensa área de mata virgem e várzea, cortada por inúmeros riachos. Mais precisamente atrás da atual Santa Casa até a encosta do Morro do Bufo, no trecho compreendido entre o túnel Rubens Ferreira Martins e a subida do Morro da Nova Cintra. As terras onde ele foi erguido foram repassadas por um italiano chamado Benjamim Fontana. Era um refúgio geral, defendido e armado, eliminando-se, assim, os inconvenientes de se ocultarem os fugitivos nos quintais e porões das casas; antes de lhes providenciar emprego ou outro destino. Eles trabalhavam na cidade como carroceiros, ensacadores de café, estivadores, etc.

Meses depois, em outubro de 1882, visitava Antonio Bento a cidade de Santos, percorrendo as casas dos abolicionistas locais e o reduto fortificado do Jabaquara, convencendo-se, então, de que "*se achava diante do ponto alto e confiante da campanha*". Para manter a ordem entre os quilombolas, foi escolhido Quintino de Lacerda.

Há duas interpretações para o nome Jabaquara, que vem do tupi, îababa (fuga) e *kûara* (toca), significando "*toca de fuga*"; ou vem de *yâb-a-quáram*, significando esburacado. Os quilombolas, com dinheiro recolhido entre as pessoas de bem e comerciantes de Santos, erguiam seus barracos, unidos uns aos outros e precedidos de um armazém, que abasteciam os negros de alimentos e outros produtos.

A região ainda permaneceu como quilombo alguns anos depois da abolição e depois se transformou no que hoje é o bairro do Jabaquara. Era verdadeiramente inexpugnável, defendido pelas encostas do morro do Jabaquara e com um único caminho de acesso.

O Maçom Evaristo de Moraes, em depoimento ao jornal *Diário de Notícias*, de 15 de maio de 1888, falando sobre o Quilombo de Jabaquara, informa.

> *"(...) Sem embargo da força, os retirantes, sempre rumo a Santos, seguiam pela estrada velha, quando próximo à Vila de Santo Amaro, nas vizinhanças de São Paulo, se deu o embate com outra força (esta da cavalaria) que o governo mandara ao seu encalço. Sucedeu que os soldados tinham inutilizado as clavinas e, em razão da chuva, atacaram, pois, os pretos, à arma branca e patas de cavalo. No confronto morreram um preto e um soldado. O governo paulista, apavorado, ao mesmo tempo que pedia ao governo o auxílio de tropa de linha, expedia ao encontro dos retirantes uma força de 60 praças, sob o comando do tenente-coronel (capitão do Exército) Canto e Melo. O chefe de polícia em pessoa, acompanhava a força. Já então se sabia em São Paulo que os pretos regiam contra os soldados gritando: 'Liberdade ou Morte! Viva a Liberdade! Aqui ninguém se rende, preferimos morrer'. Afinal as autoridades desistiram da ofensiva. Adotaram novo plano: cercar os retirantes na fralda de Cubatão, caminho de Santos, tomando ali posição defensiva".*

Em 1850, havia 3.189 escravos em Santos, para uma

população livre de 3.956 habitantes. Três meses antes da abolição da escravidão no Brasil, em Santos, já não havia escravos.

O *Diário de Notícias*, de São Paulo, de 15 de maio de 1888, traz o depoimento de Américo Martins dos Santos:

> *"As informações sobre a chegada de levas de fugitivos nós as tínhamos dos valentes abolicionistas de São Paulo, nossos amigos, Antonio Bento e João Cândido Martins, sócios que eram donos da Drogaria Baruel, à Rua de São Bento, centro de todo o movimento da Abolição. Uma vez, o governo mandou para aqui um batalhão de engenheiros chefiado pelo major Dom Joaquim Baltazar da Silveira, engenheiro, e que veio com o propósito de arrasar o Jabaquara, por ocasião da descida de grandes levas de escravos que abandonavam as fazendas para se refugiarem em Santos. Seríamos destruídos daquela vez. Mas o major Joaquim Baltazar da Silveira tinha sido meu colega na Escola Militar e eu fui logo para bordo com a ideia de dissuadi-lo de tal intento. Fui bem sucedido. Dom Joaquim, que só então soube do que vinha fazer, reconheceu-me e resolveu não só deixar de arrasar o Jabaquara, mas ainda proteger os quilombolas, dizendo que nós podíamos ficar descansados, contando com ele. Assim, o Jabaquara ficou em paz; o refúgio dos escravos, que usavam a palavra Santos como sinônimo de Liberdade, continuou amparado por Quintino de Lacerda e pelos demais abolicionistas, que eram muitos, entre eles figuras interessantes como o Santos Garrafão, e cavalheiros da sociedade daquele tempo, como Ricardo Pinto de Oliveira, Teófilo de Arruda Mendes, Manoel Francisco de Araújo Viana, Xavier Pinheiro e tantos outros. Uns contribuíam com dinheiro próprio, outros angariavam*

donativos e gêneros, e outros ainda recolhiam os pretos em suas casas e sítios, dando-lhes trabalho e renda".

O *Estado de S. Paulo*, em 1926, na reportagem *Inquérito Histórico Sobre a Abolição Entre os Abolicionistas Vivos* traz o depoimento de Antonio Augusto Bastos:

> *"A história do abolicionismo em Santos ainda está por fazer. Os verdadeiros heróis dessa campanha ainda são desconhecidos desta geração. Quem é que hoje sabe quem eram Santos Garrafão, Eugênio Wansuít, Quintino de Lacerda e major Xavier Pinheiro? (...)Eugênio Wansuít era um mulato pernóstico, falando muito, fazendo a propaganda no seio do povo com muito proveito. Em uma conferência que Campos Sales fez no Teatro Rink, Eugênio Wansuít lembrou-se de advertir ao fogoso orador republicano que precisava ser coerente, que um republicano não podia ser senhor de escravos. Silva Jardim, tomando a palavra, secundou a Wansuít, o que deu em resultado Campos Sales tomar o compromisso de libertar os escravos, recebendo uma grande ovação, uma verdadeira apoteose. Eram assim os abolicionistas de Santos, convictos e abnegados. O major Xavier Pinheiro não era um homem do povo, era mesmo um dos chefes do Partido Liberal, mas vivia com os moços, era o chefe revolucionário dos abolicionistas de Santos. Por iniciativa do major Pinheiro fundou-se a Sociedade Abolicionista, a 27 de fevereiro. Da sua diretoria faziam parte o major Pinheiro, Joaquim Fernandes Pacheco e Antonio Augusto Bastos, como presidente, 1º e 2º secretários. No Paquetá, na residência do presidente, se faziam reuniões diárias, onde discutiam com entusiasmo o problema da Abolição. Em um sótão de um sobrado do largo do Carmo se reuniam os revolucionários para combinarem a fuga de*

escravos e o seu transporte para outras províncias e para o estrangeiro. Antonio Rosa, escravo da família Xavier de Morais, foi enviado para os Estados Unidos, e de lá, meses depois, escreveu aos senhores amável cartão, pondo os seus préstimos à sua disposição. A 27 de fevereiro manteve-se sempre em atividade, durante a campanha abolicionista, prestando grandes serviços ao movimento, de acordo com Antonio Bento, o organizador da fuga em massa dos escravos das fazendas, que se dirigiam para Santos em busca do Jabaquara (...) (...) A imprensa de Santos era toda abolicionista e com o Diário de Santos não dava tréguas aos escravocratas. A mocidade desse tempo mantinha jornais e sociedades abolicionistas, salientando-se O Piratiny, dirigido por Guilherme de Melo e Antonio Augusto Bastos. Era o órgão dos vermelhos, sendo um dos colaboradores Vicente de Carvalho. A Evolução, de Silvério Fontes; A Procelária de Júlio Ribeiro, A Ideia Nova de Constantino Mesquita, e outros, batiam-se pela libertação imediata dos escravos. Santos, enfim, era a Canaã dos escravos e aqui eles encontravam a liberdade, mesmo contra os senhores e os governos".

As fugas eram constantes e dramáticas, o Chefe de Polícia, em relatório ao presidente da província, em 10 de dezembro de 1879, relatava uma fuga que terminou com alguns escravos preferindo o suicídio, do que voltar aos cativeiros:

"No dia 22 de maio o Delegado de Polícia requisitou uma força de trinta praças para conter os escravos da Fazenda do Dr. Sampaio Peixoto, que estavam sublevados. (...) Ali chegando, o oficial e os praças sob o seu comando, marcharam de acordo com a autoridade policial; a quem recomendei que procedesse com a maior prudência. (...)

Entretanto tornou-se inevitável o emprego da força, porque aproximando-se ela da Fazenda com a autoridade, o escrivão e o oficial de justiça, mostraram os revoltosos, pelo alarido que faziam e pelo retinar de armas que dispunham, disposição para resistir; e de fato alguns mais ousados atiraram-se armados contra a força, resultando a morte de um deles e o ferimento de outro. A atitude enérgica da força produziu certa indecisão entre os escravos, sendo então possível a prisão de vinte e dois que pouca resistência fizeram. Além do escravo ferido foram recolhidos mais três que tentaram contra si, tendo sido encontrado morto um outro por suicídio".

O *Paiz*, jornal da Corte, menciona em 13 de junho de 1887, a fuga em massa de escravos rumo ao município de Santos:

"MOVIMENTO DE FORÇAS. O governo fez seguir para Santos um navio de guerra conduzindo forças para desembarque, e pela estrada de ferro fez seguir igualmente um outro contingente de tropas. Achando-se a província em pleno ao cego, devemos supor que estas providências extraordinárias ligam-se ao fato da evasão de escravizados, os quais têm abandonado o trabalho em algumas fazendas, acolhendo-se à cidade de Santos, que está hoje constituída a Meca paulistana, guardando o túmulo do profeta da liberdade e patriarca da independência e servindo de asilo aos prófugos e perseguidos. Não se trata, pois, como a princípio constou, de uma insurreição de escravos, que ponha em risco a ordem e a segurança pública, e que determine portanto a necessidade da intervenção da força pública".

No *Correio Paulistano*, de 15 de setembro de 1887,

temos o testemunho do Senador Antônio Prado[34] a respeito da evasão contínua dos cativos campineiros:

> *"O SR. ANTÔNIO PRADO: – Oportunamente, havendo reclamações de Santos a respeito de ameaças que ali os abolicionistas exaltados faziam de atacar e invadir a cadeia pública, e para retirarem escravos retidos e fugidos de fazendas de Campinas, o presidente mandou o chefe de polícia a Santos com um destacamento da força policial. De fato, por ocasião de serem transportados os escravos da cadeia para a estação houve uma tentativa de tirada dos escravos da força pública; alguns escravos evadiram-se, mas quase todos embarcaram e foram entregues em Campinas aos seus proprietários, alguns dos quais estão assinados nesta representação. Nessa ocasião, a folha liberal de S. Paulo não deixou de censurar o procedimento do presidente da província e do chefe de polícia. Mais tarde, recomeçou a fuga de escravos em massa das fazendas do município de Campinas, como das povoações circunvizinhas, sobretudo daqueles que residem nas proximidades da estrada de ferro, reclamavam a presença de força pública, porque receavam que a ordem fosse perturbada. O presidente da província foi solícito em pedir ao governo geral a remessa de um contingente de pinha para a província; o governo geral satisfez o seu pedido e as providências que tomou foram eficazes, cessando por algum tempo a fuga de escravos em massa das fazendas de Campinas. Mas, passado algum tempo, recomeçaram as fugas em massa, desta vez em maior número e porque o presidente da província não quis".*

---

[34] A família Prado foi considerada, durante o século XIX, como a maior produtora de café em área contínua do mundo.

Ressalte-se que, em Campinas, o Caifaz Bernardino Campos tinha uma chácara onde abrigava inúmeros fugitivos.

Afonso d'Escragnolle Taunay, em *História da Cidade de São Paulo,* relata que:

> *"No decorrer dos anos da última década imperial, sobretudo de 1882 em diante, converteu-se São Paulo em um foco de abolicionismo ardente pela sua imprensa e sobretudo pela campanha intensa dos líderes abolicionistas, entre os quais se destacavam Antônio Bento de Sousa e Castro com os seus "caifazes" e Luís Gama, mestiço de extraordinária inteligência, pelo inexcedível zelo em prol da causa. Começou a processar-se o movimento de êxodo dos escravos das fazendas para o centro e litoral onde os abolicionistas de Santos os acoitavam no grande quilombo Jabaquara".*

Com a fuga, a jornada até um local seguro era cheia de incertezas, privações e perigos. Até o advento da estrada de ferro Santos-Jundiaí, em 1867, as viagens de São Paulo a Santos eram feitas em bestas sob o cuidado de escravos, por caminhos praticamente intransitáveis. Eram de grande importância os pontos de apoio, para pouso, descanso, alimentação e orientação aos fugitivos. Não raro, esses pontos eram um humilde barraco onde morava um pobre sitiante, um desses muitos heróis anônimos que agiam por caridade e sentimento cristão. Os Caifazes contavam com vários pontos estratégicos ao longo do caminho e de pessoas que arriscavam a própria vida nessas espetaculares fugas. No Ipiranga, passagem obrigatória para o caminho do mar, o Caifaz Felisberto possuía uma olaria onde dava refúgio. Em São Bernardo, contavam com vários adeptos para dar prosseguimento às fugas. Na serra, os negros tinham à sua disposição guias eficientes, que os orientavam por caminhos seguros, para evitar as dificuldades naturais da região e encontros com a polícia.

Não podemos deixar de citar também o Pai Felipe que, na liderança de um grupo de escravos fugidos do Engenho Nossa Senhora das Neves, inicialmente se fixara em Jabaquara. Como não quis se submeter à chefia de Quintino de Lacerda, foi para o sopé do Monte Serrat, no meio de um bambuzal, perto da Vila Mathias e formou seu quilombo. Filho de um rei africano, temido e respeitado, era procurado através de anúncios em jornais da época, sendo oferecida uma vultosa recompensa por ele.

Conhecido como "*Rei Batuqueiro*", aos domingos abria o quilombo para visitação daqueles que iam apreciar o autêntico e tradicional samba de roda, a dança da umbigada e o melhor quentão de Vila Matias. Era onde muitos jovens, como Carlos Vitorino nos conta em *Reminiscências de Santos*, iam buscar "*distração*" da vida dura. O quilombo do Jabaquara de Quintino de Lacerda, o de Pai Felipe e o de Santos Garrafão tinham a proteção de toda a cidade.

Ainda Carlos Victorino relata:

> *"Num dos recantos da Vila Mathias existia o quilombo, chefiado por pai Filipe, um preto já velho, mas de tino aguçado, comandando com muita prudência o seu povo. Nesse quilombo, embrenhado numa porção de mato e habilmente encoberto de vistas perseguidoras, fizera Felipe o acampamento da sua gente, que trabalhava no corte de madeira para lenha e construção, e na indústria de chapéus de palha. Pai Filipe, aos domingos, franqueava o seu quilombo aos rapazes e homens conhecidos como abolicionistas, tratando-os com esmerada cortesia e*

contando das fazendas coisas do arco da velha, coisas de fazer arrepiar os cabelos! Enquanto ele fazia narrações, a sua gente dançava ao som do tambaque, pandeiro e chocalho, a cuja cadência, mulatinhas ainda novas e crioulos robustos bamboleavam o corpo, meneavam as cadeiras, picavam com o pé, fazendo um círculo vagaroso até encontrarem-se os pares que se esbarravam numa proposital umbigada certeira, cheia, fazendo o corpo dar meia volta. Esta dança selvagem era acompanhada de cânticos nos quais a última sílaba da rima prolongava-se muito, repercutindo nas matas. Parava de súbito o tambaque, cessava a dança e, com permissão de Pai Felipe, era distribuído o quentão. Descansavam um momento para começar a dança, com os mesmos jogos, com as mesmas cantigas, prolongando-se esse divertimento até a noite, mormente se havia luar. Então era sublime quando as pessoas que procuravam a distração naquele ponto da cidade ouviam, logo ao entrar na vila, o eco sonoro dessas cantigas, vindo do fundo das matas, semelhando o gemido duma dor que mais tarde se reverteria em júbilo, pois tudo isso, toda essa agitação em prol dos oprimidos não era mais que o labor dum parto que deveria dar à luz a Lei Áurea, entregando ao Brasil não um ente – mas todos os entes, completamente libertos e que até o dia 12 de maio de 1888 estorceram-se na opressão terrível da escravidão. Não era só na Vila Mathias que existiam refugiados esses homens escravos: numa dependência do Monte Serrat, tínhamos o Jabaquara, lugar protegido por Quintino de Lacerda que também fora escravo e agora liberto, dava conforto àqueles que eram ainda o que ele foi em passados tempos. Pois bem, pai Felipe, em seu quilombo, Quintino no Jabaquara e Santos Pereira na cidade, eram os baluartes protetores dos foragidos das violências do tronco e outros instrumentos de martírio usados nas fazendas de café".

O Quilombo do Jabaquara e o do pai Felipe, assim como o do Leblon no Rio de Janeiro, o do Cupim no Recife e o Carlos Lacerda em Campos eram institucionalizados. Sua existência e localização eram do conhecimento de todos e recebiam apoio e proteção da cidade com que estavam ligados. O relacionamento entre os moradores da cidade e quilombolas era aberto e livre. Já quilombos como os de Palmares, são quilombos de rompimento e confronto, onde só havia um relacionamento comercial e clandestino.

Não é por acaso que o Quilombo do Jabaquara surgiu nas proximidades de estações terminais de bondes. Ele era muito visitado por abolicionistas e simpatizantes. Antonio Silva Jardim[35] conheceu o quilombo e em suas *Memórias e Viagens, Campanha de um Propagandista,* conta que primeiro se pega o bonde no centro e segue-se direto até o ponto final, em Vila Matias. Daí para a frente é necessário seguir a pé por uma trilha até o quilombo.

Em São Paulo existiam outros quilombos, em 1884, por exemplo, Areais e Queluz, cidades do Vale do Paraíba, solicitavam ao Chefe de Polícia de São Paulo reforços para reprimir um quilombo que existia na localidade do Palmital ou Lapa, na Serra do Picu, cujos membros andavam atacando as fazendas, roubando e colocando a região em pânico. Um ataque ao quilombo aprisionou treze quilombolas, que declararam que viviam lá havia mais de oito anos.

---

[35] Maçom, iniciado na Loja América, vibrante orador, tribuno popular, conferencista, jornalista e um dos maiores propagandistas da República. Morreu tragado pelo vulcão Vesúvio. José do Patrocínio, assim definiu sua vida e morte *"Bela sepultura o vulcão, extraordinário o destino do grande brasileiro: até para morrer, transformou-se em lava".*

Júlio da Conceição, em seu depoimento no *Diário de Notícias*, de São Paulo, de 15 de maio de 1888, relata:

> *"O governo queria matar e matava; queria perseguir e perseguia; Santos Pereira e Quintino de Lacerda queriam libertar e libertavam, queriam salvar e salvavam. Cada um, portanto, desempenha a sua missão natural! Todos nós trabalhávamos de acordo e em conjugação de esforços com Antonio Bento, Feliciano Bicudo e outros chefes abolicionistas de São Paulo, os quais encaminharam para Santos todos os escravos subtraídos às chácaras e fazendas da capital e interior, obra entregue aos famosos caifazes, cujo trabalho ninguém poderá esquecer na distribuição dos merecimentos dessa fase histórica do Brasil. Grandes trabalhadores, como foram, nas cidades e nos sertões, que trabalhando, ora desassombradamente, ora sob mil artifícios, vendendo prejuízos e cansaços, ajudaram a libertar, em alguns anos de luta e com grande antecipação da Lei Áurea, mais de 200.000 escravos da Província, a ponto de se poder e dever dizer, que a Abolição não foi obra da princesa Isabel, nem de seus titulares do Rio de Janeiro, como ingratamente se comemora, e sim do povo abnegado de algumas províncias, mais especialmente do povo de São Paulo".*

Os Caifazes não escolhiam meios, todos serviam, até mesmo os mais violentos. Várias vezes, com cassetetes, única arma permitida por Antonio Bento, aplicavam castigos aos capitães-do-mato e enfrentavam a polícia. Os ataques contavam com o apoio do jornal *A Redenção*, que algumas vezes desenvolvia intensa campanha de desmoralização do cargo de capitão-do-mato. Irritados, os capitães-do-mato tentaram agredir Antonio Bento, mas foram acuados e desmoralizados, passando a descontar sua raiva nos grupos de negros que fugiam. Durante algum tempo, tiveram o apoio da Guarda de Urbanos, responsável pelo policiamento da capital, que desistiu da tarefa em 1887.

Certa vez o capitão-do-mato Candido prometeu que iria acabar com Antonio Bento. Sob o pretexto de ser intermediário entre os fazendeiros e os abolicionistas, foi à casa de Antonio Bento, querendo cumprir a promessa. Só que Antonio Bento, devido às inúmeras ameaças que recebia, era protegido por libertos, homens livres de cor e capoeiras. Candido foi surpreendido por dois caifazes e, para sua humilhação, teve o bigode, o cabelo e as sobrancelhas rapados.

Coelho Netto, na *Gazeta de Notícias* de 11 de dezembro de 1898, relatando como conhecera Antonio Bento, em uma festa da Irmandade de Nossa Senhora dos Remédios, mostra os perigos a que os Caifazes estavam expostos e como Antonio Bento estava sempre protegido:

> *"(...) Antonio Bento, ereto, com um casacão felpudo que lhe descia abaixo dos joelhos, afagava o cavanhaque basto, entre negros que sorriam. Recebeu-me com uma palavra amável e dizendo-lhe o meu apresentante que eu pretendia ser do grupo dos 'roubadores' Antonio Bento lançou-me um olhar forte e, apesar das lentes escuras de seu pince-nez, eu vi o fogo vivíssimo das pupilas que ardiam: – Menino, olhe que isto não é brinquedo. Não pensa você que nós somos tratados aqui com bons modos: – eles não nos poupam – é a pau e à bala que nos recebem. Se você quer meter-se n'isto disponha-se como um soldado que quer ir para a guerra. Isto é sério como o diabo! Em cada esquina há um capitão-do-mato (...).*
>
> *– Bem sei...*

– E então?!

– Disponha de mim. Dias depois encontramo-nos em uma sessão. No Club do Braz e aí fizemos amizade (...)".

Os Caifazes faziam ameaças e conspiravam, infundindo ódio, temor e pânico nos fazendeiros, nos proprietários de escravos da capital e nos condutores de escravos que estavam de passagem por São Paulo. O direito de propriedade não era mais respeitado e a participação de populares, até mesmo dos escravos, era cada vez maior. Formaram uma rede marginal que se espalhou e se infriltrou em vários setores da sociedade escravagista paulista, tramando suas investidas e assaltos. Contavam com a ajuda dos cocheiros, que lhes forneciam informações e conduziam clandestinanente os escravos fugitivos em seus veículos. Antonio Bento comparou a ação dos cocheiros à dos jangadeiros do Ceará[36]. Merece destaque o cocheiro Carlos Garcia, conhecido como o "*rei dos cocheiros*", de temperamento audaz, corajoso e ativo defensor do povo oprimido, por muitas vezes entrava em confronto com os policiais.

Em depoimento no *Diário,* de Santos, Júlio Conceição relembra:

> *"Quando se falar em Abolição no Brasil, não se poderá deixar de dizer que ela foi obra exclusivamente popular e principalmente paulista. Quem assistiu ao espetáculo soberbo do abolicionismo em São Paulo e Santos não poderá pensar de modo diferente, porque jamais esquecerá as cenas desenroladas em torno do ideal de libertação.*

---

[36] Em 30 de agosto de 1881, sob a liderança de Francisco José do Nascimento, conhecido como Chico da Matilde e depois com O Dragão do Mar, os jangadeiros do Ceará deflagram uma greve, para não mais transportarem escravos em suas jangadas, o que apressou a abolição da escravidão naquele Estado.

Ninguém deve esquecer que, em princípios de 1887, o Presidente da Província, Queiroz Telles, traduzindo a importância da obra libertadora dos paulistas e a desmoralização em que se achava o Poder Público perante a sociedade, por ser incapaz de reprimir a desobediência geral à lei em toda a Província, mas especialmente em Santos e S. Paulo, telegrafava para o Governo do Rio de Janeiro que não era mais possível conter a evasão dos escravos na Província, porque os soldados haviam feito causa comum com os abolicionistas, favorecendo a passagem dos fugitivos para a Cidade de Santos. – Tal comunicação causou extraordinário alarme ao Governo, inspirando à Princesa D. Isabel a decretação da liberdade geral dos cativos. Este é um fato rigorosamente histórico, que diz bem claro onde nasceu verdadeiramente a Abolição. (...) Nessa ocasião privei com muitos vultos da campanha memorável, entre os quais reputo necessário salientar as figuras principais de Quintino de Lacerda, o comandante de Jabaquara, Geraldo Leite da Fonseca, despachante de Augusto Leubá & Cia., e parece que sócio dessa firma, que representava uma companhia francesa de vapores, um bravo na acepção do vocábulo; Américo Martins dos Santos, um batalhador dedicado desta campanha e da campanha da República; Ricardo Pinto de Oliveira, professor e despachante da Alfândega; Guilherme Souto, honradíssimo negociante que até foi à falência, entregando a própria cama em que dormia para pagamento de sua dívida; o ilustre Martim Francisco, Júlio Ribeiro, o filólogo, ambos jornalistas das duas campanhas; Carlos Escobar, Afonso Veridiano, José Ignácio da Glória, com grandes serviços em São Vicente, o Cel. José Lopes, Dr. Lobo Viana, Dr. Silvério Fontes, Dr. Sóter de Araújo, Júlio Backeuser, Juca Leite, irmão de Geraldo Leite,

Vicente de Carvalho, Antonio Augusto Bastos, José André do Sacramento Macuco, Antonio Carlos da Silva Teles, Henrique Porchat, Teófilo de Arruda Mendes, Antonio do Amaral Rocha, João Guerra, Joaquim Fernandes Pacheco, Francisco Martins dos Santos Júnior, e os eminentes Silva Jardim e Rubim César, como outros ainda, que seria longo enumerar. Todos nós trabalhávamos de acordo e em conjugação de esforços com Antonio Bento, Feliciano Bicudo e outros chefes abolicionistas de São Paulo, os quais encaminhavam para Santos todos os escravos subtraídos às chácaras e fazendas da capital e do interior, obra entregue aos famosos caifazes, cujo trabalho ninguém poderá esquecer na distribuição dos merecimentos dessa fase histórica do Brasil, grandes trabalhadores, como foram, nas cidades e nos sertões, que trabalhando, ora desassombradamente, ora sob mil artifícios, vencendo prejuízos e cansaços, ajudaram a libertar, em alguns anos de luta e com grande antecipação da Lei Áurea, mais de 200.000 escravos da Província, a ponto de se poder e dever dizer, como já disse, que a Abolição não foi obra da Princesa Isabel, nem dos seus titulares do Rio de Janeiro, como ingratamente se comemora, e sim do povo abnegado de algumas províncias, mais especialmente do povo de São Paulo. Que outros contem os pormenores do grande movimento em Santos, e terá a História a confirmação das minhas palavras. Santos foi o baluarte máximo da Abolição, o eixo de todo o movimento popular que venceu políticas e governos, e tem sido esquecida por quantos têm escrito sobre Abolição no Brasil, não recebendo pelo menos o destaque a que tem direito, na distribuição dos merecimentos da memorável campanha, e, na minha opinião, nela, os negros de todo o atual Estado de São Paulo e, em sua falta, os governos deviam levantar, no chão sagrado do Jabaquara, um monumento de glorificação a Santos, a Libertadora".

A *Revista Ilustrada,* do Rio de Janeiro, que apoiava a campanha servindo-se principalmente da caricatura para criticar os escravocratas, traz em seu nº 511, ano 13, de 25 de agosto de 1888, uma caricatura de Angelo de Agostini. Antonio Bento é representado com ares sinistros, mostrando muito bem a visão que dele tinham os fazendeiros, temerosos de sua ação.

Além de prover a logística e dar guarida aos fugitivos, os Caifazes ainda fomentavam rebeliões e armavam sequestros; chegando a subornar policiais e demais autoridades. Com os mais ricos, conseguiam o financiamento para a logística das fugas, para a compra de cartas de alforria e manutenção dos fugitivos. Do populacho, principalmente ao redor das irmandades dos negros, formadas quase exclusivamente por ex-escravos, a atuação era invisível, como os esconderijos nas casas e nos trens. A ironia é que tanto os empregados das ferrovias, como os carroceiros e funcionários dos portos, os responsáveis pelo translado dos escravos, mantinham seus empregos devido à estabilidade do preço do café que, com suas ações, ajudam a desestabilizar.

Contando com o apoio popular, os Caifazes usavam expedientes ardilosos que confundiam as autoridades e promoviam fugas cinematográficas, resgatando, à luz do dia, das mãos das forças policiais, escravos que haviam sido capturados e estavam sendo levados para a prisão ou para seus senhores. Certa vez, com mais de 500 pessoas, entre Caifazes e populares, simularam uma briga entre eles mesmos, criando uma falsa confusão, para ajudar os capoeiras que enfrentavam policiais e capitães-do-mato, que tentavam frustrar a fuga de escravos escondidos em barris de vinhos.

Antonio Manuel Bueno de Andrade nos relata outra ação dos Caifazes:

> *"Estabelecida no largo da Sé, em São Paulo, existiu uma charutaria em que os patrões e operários formavam uma confraria de trabalho. Foi ninhal de 'caifazes'. Valentin Kinz, o seu irmão Theodoro, João de Castro, cunhado destes, aí labutavam no ofício e a favor dos cativos. Uma vez que um senhor fora arrancar à força uma escrava asilada em minha casa, João de Castro, meu vizinho, socorreu-me, alarmou a rua, reuniu rapidamente 'caifazes' e para sempre repeliu meu assaltante e seus asseclas".*

Em razão do perigo que essas ações representavam, as autoridades impuseram censura à imprensa da época, segundo eles, para que o pânico não se espalhasse.

Maria Helena Machado registra em seu trabalho *O Plano e Pânico:*

> *Os Movimentos Sociais na Década da Abolição: "Da ação jurídica ao acoitamento de escravos, a atuação abolicionista não se limitava às lutas forenses – nos anos mais adiantados da década, a indisciplina do populacho abolicionista e a turbulência das ruas, onde, muitas vezes, a participação dos negros se mostrava majoritária, povoaram as ruas da cidade de São Paulo".*

À medida que a ação progredia, tanto em eficácia como em extensão, o abolicionismo legal se opunha aos Caifazes porque, para os moderados, era preciso manter a ordem. A última sociedade emancipadora a surgir, em 1887, foi a *Sociedade Libertadora da Província*, que defendia a abolição gradual, em oposição ao movimento dos Caifazes.

Os Caifazes procuravam agir em todas as áreas

produtoras de café, mas as cidades atingidas nem sempre eram os centros mais escravocratas nas suas respectivas zonas. Na Região Norte, a cidade que apresentava maior porcentagem de escravos, em 1887, era São José do Barreiro e não há notícias nessa cidade de ações dos Caifazes. Nas zonas Central, da Mogiana e da Paulista, os principais núcleos de concentração de escravos, em 1887, foram objetos de assaltos constantes. Era a região de Campinas, onde havia a maior porcentagem de escravos da área, objeto permanente de ações e de propaganda abolicionista. Jornais de Campinas e Moji-Mirim noticiavam, com detalhes, os ataques às fazendas.

Os escravistas reagiam formando dezenas de *Clubes da Lavoura* em defesa da "*propriedade*", agredindo militantes do movimento, inclusive advogados, juízes, promotores e delegados de polícia empenhados na campanha da emancipação. Chegando mesmo a expulsá-los das cidades.

Em novembro de 1885, alguns senhores de escravos de São Paulo formaram uma sociedade com capital de "20:000$000", para formação de uma milícia que vigiasse e liquidasse os ladrões de escravos, ou seja, os Caifazes.

Em Santos, a movimentação dos escravos era tanta que em novembro de 1886, o presidente da província enviou uma força de vinte soldados para patrulhar as ruas e capturar escravos fugitivos. Os policiais foram impedidos pela reação popular, os escravos capturados eram resgatados e soltos pelo povo. O comportamento policial muda completamente, não se tem mais notícias sobre a prisão de negros. A quase totalidade dos policiais de Santos e alguns de São Paulo acabaram por aderir ao abolicionismo.

Quando começou a aumentar a descida de escravos da serra, o governo mandava, uma vez ou outra, guardar a ponte do Casqueiro, passagem final para a liberdade, mas nem sempre os soldados se desincumbiam de sua missão, porque muitos fingiam não ver os fugitivos. Avisados a tempo, os fugitivos embarcavam em canoas no Cubatão, vindo por água, assim, os policiais acalmavam a consciência e justificavam que pela ponte não passou ninguém, já por baixo dela...

Castan, em *Scenas da Abolição e Scenas Várias*, conta:

> *"Depois de longos dias de penosa marcha por péssimos e intérminos caminhos, homens, mulheres, velhos e crianças, famintos, cansados e enfraquecidos, esfarrapados, esses míseros componentes da mísera caravana desciam a serra de Paranapiacaba, tendo à frente Adão, qual outro Moisés, caminhavam da Ponte do Casqueiro, braço do mar que precisavam atravessar para chegar a Santos, a cidade abolicionista por excelência, e daí ao Jabaquara, bairro da mesma cidade, refúgio de fugitivos, onde descansariam, para depois tomar cada um o seu rumo. Ora, a ponte estava guardada por uma força de polícia, com ordens terminantes para os não deixar passar, para os prender mesmo e os recambiar para os ergástulos dos fazendeiros. Disfarçados em pescadores, havia ali, no rio Casqueiro, gente vindo de Santos em uma flotilha abolicionista, composta de embarcações miúdas, de diversas espécies, gente pronta para oferecer os seus serviços aos pacíficos retirantes. O comandande dos soldados deixou que os negros se aproximassem da ponte. Então, a toque de corneta, formou a tropa, fez calar baionetas e bradou forte aos tímidos e apavorados fugitivos: – Façam alto! Porque por essa ponte não passa nenhum negro fugido! As ordens que tenho serão cumpridas![...] Adão julgou tudo perdido[...] Notou, todavia, que o comandante continuou a falar, de modo estranho, como que falava consigo*

mesmo, mas de maneira não poder ser ouvido pelos seus comandados e por toda gente, dizendo: – Ali no rio estão muitos botes e canoas, nos quais pode passar todo mundo que quiser. – o resto não é preciso ser narrado".

As fugas em massa para Santos geraram violência, o que levou os proprietários de escravos paulistas a libertarem seus escravos para evitar mais violência:

> *"Os escravos fugiram em massa, prejudicando não só os grandes interesses econômicos, mas também interesses de segurança pública: houve mortes, houve ferimentos, houve invasão de localidades, houve o terror derramado por todas as famílias, e aquela importante província durante muitos meses permaneceu no terror mais aflitivo. Felizmente; os proprietários de São Paulo compreenderam que, diante da inação da Força Pública, melhor seria capitularem perante a desordem, e deram liberdade aos escravos".*

Escravocratas acusavam a polícia paulista e políticos de estarem coniventes com estas fugas, Em 1887, Joaquim Aurélio Barreto Nabuco de Araújo[37] pedia que o Exército recusasse o papel de capitão-do-mato. Em julho de 1887, é emitido um manifesto assinado, entre outros, pelo Marechal Deodoro[38], pedindo à Princesa Isabel que o Exército não fosse mais utilizado para perseguir escravos fugitivos.

---

[37] Diplomata, escritor, parlamentar e grande abolicionista. Na Maçonaria, foi iniciado quando estudante de Direito, na Loja *"América"*, em dezembro de 1868.

[38] Proclamador da República e chefe do Governo Provisório. Iniciado na Loja *Rocha Negra*, de São Gabriel (RS), em 20/9/1873, é Grão-Mestre do Grande Oriente do Brasil em 24/3/1890, sendo Membro da Loja *2 de Dezembro*. Em 18/12/1891, vinte e cinco dias depois de ter renunciado à presidência da República, doente e desencantado com a política, renuncia, também, ao Grão-Mestrado.

> *"Senhora, os oficiais, membros do Clube Militar, pedem a Vossa Alteza Imperial vênia para dirigir ao governo Imperial um pedido, que é antes uma súplica. Eles todos (...) esperam que o Governo Imperial não consinta que, nos destacamentos do Exército que seguem para o interior, (...) os soldados sejam encarregados da captura de pobres negros que fogem à escravidão, ou porque vivam já cansados de sofrer-lhe os horrores, ou porque um raio de luz da liberdade lhes tenha aquecido o coração e iluminado a alma".*

Antonio Bento aproveita o momento psicológico para dar o golpe fatal e recrudescer a ação dos Caifazes.

O professor Carlos Escobar, em depoimento ao *O Diário*, de Santos, declarava:

> *"Para mim é fora de dúvida que os fatores da Abolição foram as ideias próprias aos tempos modernos, a proibição do tráfico negro, a Lei do Ventre Livre, o fundo de emancipação, a desorganização do trabalho agrícola, o apostolado popular, a recusa do Exército em pegar negros fugidos. A Princesa, não obstante o respeito que nos merece, como o gabinete João Alfredo, entrou nessa coisa qual Pilatos no Credo. O Sr. Teixeira Mendes, o maior filósofo brasileiro e o coração mais puro que conheci até agora, provou que a Abolição foi conquista popular, como a Independência tinha sido antes obra de José Bonifácio, explorando a vaidade de D. Pedro. Recordo-me perfeitamente que o meu eminente amigo Sr. Júlio Conceição pôs ao serviço do movimento abolicionista a sua mocidade vigorosa, a sua inteligência esclarecida, a sua bolsa caridosa. Quantas vezes, ao lado de Quintino de Lacerda, de Santos Garrafão e de outros abolicionistas fomos receber os seus ponderosos conselhos. Assisti, na Capital,*

às prisões de Bicudo e de José Maria. Fui ao Consistório da Igreja dos Remédios, na Tipografia da Redenção, nessa tarde sombria, por ordem do Dr. Antonio Bento, compor o protesto contra essas prisões injustas, o qual foi profusamente distribuído à noitinha. Nesse Consistório realizei diversas conferências presididas pelo venerando chefe abolicionista. Estive em Mogi-Mirim, onde realizei uma conferência abolicionista promovida pelos Drs. José Oscar de Araújo Cintra e Alexandre Coelho, no salão da Câmara Municipal, quando o Conde de Parnaíba enviou para aquela cidade um forte contingente destinado a deter a marcha de escravos que abandonavam as fazendas. Em Campinas, assíduo colaborador do jornal de Henrique Barcelos, valente abolicionista, assisti à intervenção do capitão Colatino, parece-me que hoje general, mandando espadeirar os abolicionistas. Estive no meio do povo na célebre noite do quebra-lampiões, em que resistimos à tropa desse capitão, dispersa no seio da massa, para nos espancar. Vi senhores embarcando escravos na estação daquela cidade e empregados da Paulista dando agasalhos aos fugitivos até nos vagões de carga. Antonio Bento tinha partidários por toda parte. Eram humildes trabalhadores e opulentos proprietários. As mulheres, os velhos, os jovens enriqueciam as hostes abolicionistas. Mas a página brilhante da Abolição foi escrita em Santos, onde era um crime ser escravocrata, e toda a população rejubilava-se de proteger os fugitivos, com Júlio Conceição à frente. É uma nota de que nos devemos lembrar. Muito antes do Dr. Antonio Bento, numa reunião de libertos e de estudantes, na qual tomei parte, ficou deliberada a desorganização do trabalho agrícola, pela fuga dos escravos. Mas só o grande Dr. Antonio Bento teve a subida honra de executar esse programa, pelo menos dois anos depois dessa reunião. Colaborei na Redenção até os seus últimos dias e conheço toda a trama para o assassinato do grande chefe abolicionista. Procurava-se com todo afinco o escritor da secção de casaca e sem casaca, com chapéu e sem chapéu. Na libertação dos escravos do Ceará, foi Santos que concorreu com o maior óbolo para abrigar os fugitivos, que já se tinham desviado para a Província de São Paulo, e devem existir nos arquivos de Quintino de Lacerda as provas desse fato".

O presidente da província paulista Francisco de Paula Rodrigues Alves[39], confirmando a falência da escravocracia na província, manda um telegrama ao Governo Imperial dizendo ser "*impossível conter a evasão dos escravos porque os soldados tinham feito causa comum com os abolicionistas, favorecendo a passagem dos fugitivos para a cidade de Santos*".

Muitas cidades decretaram, antes da Lei Áurea, a libertação dos escravos. A atividade era intensa e em várias frentes. Antonio Bento, demonstrando preocupação para que entrassem no mercado de trabalho, o que o próprio goveno nunca se preocupou em fazer, consegue com que alguns senhores contratassem os negros fugitivos como trabalhadores livres e assalariados, dando início ao retorno destes de Santos.

A ação revolucionária dos Caifazes deve ser vista a partir de um duplo aspecto: a desorganização do trabalho escravo, que incluía todo o processo de fuga até a vida em segurança do ex-escravo e a sua inserção no mercado de

[39] Nasceu em Guaratinguetá, em 7/7/1848 e morreu no Rio de Janeiro, em 16/1/1919. Advogado; Conselheiro do Império; presidente da Província de São Paulo por três mandatos de 1887/1888; presidente do estado de 1900/1902 e de 1912/1916 e ministro da Fazendo. Eleito duas vezes presidente do Brasil, cumpriu integralmente o mandato de 1902/1906, mas faleceu antes de assumir o segundo mandato de 1918/1922. É dito por alguns autores como Maçom, mas não consegui comprovação.

trabalho. A dinâmica e a complementaridade entre esses aspectos é que dão um caráter inovador ao movimento dos Caifazes. A integração dos negros fugidos no sistema de trabalho assalariado, tanto no campo como na cidade, foi, desde o início, uma preocupação dos Caifazes. No jornal *A Redenção* de 1º de setembro de 1887, escreviam: "*O trabalho livre produz a prosperidade e o bem-estar da sociedade onde ele é inserido*".

O engajamento do ex-escravo no trabalho remunerado rural se fazia pelos contatos que Antonio Bento mantinha com os fazendeiros, cujas propriedades se encontravam despovoadas por causa das fugas coletivas. Aquele que causara a "*doença*", agora trazia a "*cura*". A carência de mão de obra chegava a tal ponto que os proprietários de terra não tinham escolha senão aceitar os fugitivos de volta ou ex-escravos de outras fazendas, com a condição de lhes pagar um salário.

Em 17 de janeiro de 1888, o delegado de Santa Rita do Passa Quatro relatava que escravos fugitivos, vindos de Santos para trabalharem na cidade, liderados por pessoas livres, eram uma séria ameaça à disciplina nas fazendas e à ordem pública da vila. Ainda ressaltava que essa união entre escravos e brancos abolicionistas estava produzindo um verdadeiro desastre para os fazenderios.

> "*Nos subúrbios desta Vila acham-se trinta e tantos pretos, que julgo serem escravos fugidos, trazidos de Santos, como colonos, por um Fazendeiro, capitaneados por dois indivíduos livres. A população desta Vila acha-se aterrada com a estada destes pretos aqui, pois constantemente vêm à Povoação embriagar-se e provocar desordem e também, tanto os pretos como seus capitães aconselharam os escravos da fazenda do Município a fugirem para Santos ou São Paulo e procurar o Dr. Antonio Bento, que os*

defenderá de qualquer perseguição dos Senhores. Ontem um grupo desses pretos vieram à Villa e, embriagando-se, provocaram desordem e dirigiram insultos à polícia e tendo sido um deles preso foi preciso guardar a cadeia por grande número de paisanos, armando-se também o povo da Vila para defenderem-se, pois que os companheiros do preso ameaçavam virem de noite tirá-lo da Cadeia, e dar um saque geral na Povoação para ensinar a cablocada (termos deles)".

Os fazendeiros vendo que medida alguma seria eficaz para evitar as fugas, como último recurso, passaram a distribuir cartas de alforria e a oferecer um pequeno salário, para que os escravos não abandonassem as plantações de café. Muitos negros tinham ofícios definidos, o que facilitava sua integração no trabalho assalariado. O *Correio Paulistano*, em 11 de janeiro de 1888, noticiava que os fazendeiros da zona cafeeira servida pela estação de Laranjal:

"resolveram entregar as cartas de liberdade aos seus 300 e tantos escravos; pagar-lhes o salário anual de 60$ a 100$, conforme as aptidões de cada um e tempo que convier aos doadores; fornecer-lhes alimentação, vestuário e tratamento, ficando facultado ajustar os que saírem de uma para outra fazenda, trazendo carta limpa ou atestado, contanto que não paguem mais que os salários supramencionados; não adiantar quantia alguma a todo e qualquer pretendente a ajuste de serviço. Para os trabalhadores de sexo feminino o salário será metade do marcado para o homem".

O mesmo jornal, em 4 de janeiro de 1888, noticiava:

"Reúnem-se hoje em Araraquara os lavradores desse

município, a fim de deliberar sobre a transformação do trabalho. Dizem-nos que estão resolvidos a libertar incondicionalmente os escravos e dar-lhes salários, para que eles não abandonem as fazendas".

A *Gazeta de Notícias*, do Rio de Janeiro, ano 4, nº 52, de 21 de fevereiro de 1888, para desespero dos escravagistas recalcitrantes noticiava: "*Consta que a família Ferreira, de Campinas, libertará hoje mil escravos incondicionalmente [...]*".

A organização do trabalho assalariado dos fugitivos terminou por provar, para uma boa parte dos cafeicultores, que a emancipação era viável e praticável. A implantação da mão de obra livre significava, para os modernos setores da cafeicultura, a dinamização de suas atividades e o consequente aumento dos lucros. Ao mesmo tempo a escravidão tornava-se cada vez menos produtiva e lucrativa.

O Conselheiro Antônio Prado, que assumiu o gabinete em 10 de março de 1887, dá um grande incremento à introdução de imigrantes no Brasil, na sua maioria, vindos para São Paulo, atraídos pela lavoura cafeeira.

Um ano antes, em 2 de julho de 1886, havia sido fundada em São Paulo a *Sociedade Promotora de Imigração* que, durante quase 10 anos, será a resposável pelo processo de entrada de imigrantes na provícia de São Paulo. A imigração deixa de ser uma iniciativa isolada de grupos ou fazendeiros, para se tornar um projeto de governo. Em 1886, entraram na província 9.127 imigrantes e no ano seguinte, 31.710. O movimento era tanto, que o Conde de Parnaíba construiu a *Hospedaria dos Imigrantes de São Paulo*, para abrigar e distribuir os que chegavam. A partir de 1887, passaram pelo complexo da Hospedaria, perto de 3 milhões de pessoas. Hoje, o complexo abriga o Museu da Imigração que reconstitui a saga dos imigrantes.

Os grandes fazendeiros do Oeste Paulista, com a utilização de mão de obra emigrante, provavam a cada dia o caráter antieconômico da escravidão e ajudava o movimento abolicionista a demonstrar a falência e a desumanidade do trabalho escravo. Ainda assim, os grandes cafeicultores do Vale do Paraíba mantinham-se intransigentes.

A reação dos fazendeiros foi imediata. Na zona Mogiana, o centro de maior número de escravos era a Casa Branca, com um total de 38,8% da população, surgiram as maiores resistências. Itapira, que tinha uma porcentagem de escravos bem inferior à de Casa Branca, reagiu mais agressivamente. Na Paulista, onde ocorreu uma das primeiras fugas, o conflito aconteceu em Belém do Descalvado, região detentora com a maior porcentagem de escravos na zona. Se por um lado a penetração da prática abolicionista pelo interior paulista provocou o enrijecimento da posição dos escravocratas, provocou, também, uma reação cada vez mais audaciosa dos Caifazes.

Os conflitos são violentos, com os fugitivos agora conscientes que poderiam ser livres, cada vez mais decididos ao enfrentamento e, quando saíam vencedores, desmoralizavam cada vez mais as autoridades e escravocratas. Em 19 de outubro de 1887, *O Paiz* reproduzia matéria acerca de um grande levante, no qual elevado número de escravos derrotou uma força policial e se apoderou de suas armas.

> *"No Diário Mercantil. Revolta de Escravos – Sabemos que os escravos de diversas fazendas do município de Capivari se sublevaram anteontem, e, abandonando o trabalho, seguiram reunidos para o Salto de Ytú. Desta*

localidade, segundo nos informam, foi enviado um aviso por telegrama para o delegado de polícia de Ytú, que mandou 10 praças ao encontro dos escravos. As praças, unicamente armadas de rifles, encontraram na estrada um pequeno grupo de fugitivos, aos quais deram voz de prisão. Logo depois chegaram, porém, os outros escravos, cujo número, ao que nos dizem, era superior a 150, envolveram as praças, desarmaram-n'as e despojaram n'as de toda a roupa espancando-as rudemente. Três dos soldados consta que estão gravemente ofendidos. Os revoltosos entraram depois na cidade de Ytú pela rua das Flores, passando em frente à cadeia, sem que encontrassem obstáculos: atravessaram assim toda a cidade, cuja população ficou sobressaltada". Pela edição do dia seguinte, ficamos sabendo que o mesmo grupo afugentara também uma força de cavalaria: "S. Paulo, 19 de outubro. Houve ontem sangrento combate na estrada de Ytú, próximo a Santo Amaro, entre os escravos fugitivos das fazendas de Capivari e a força de cavalaria que daqui saiu contra ele. A força compunha-se de 20 praças devidamente municiados e os foragidos, conforme as melhores informações, atingiam a 150. Intimado para se renderem, os escravos desobedeceram à intimação, obrigando os soldados a atirar contra ele. Travou-se então combate renhido, cujo resultado foi a derrota da força da polícia".

Todos esses levantes e fugas tinham a mão dos Caifazes, seja por sua ação direta ou por suas atividades que serviam de exemplo, de incentivo e que enchiam de esperança aos cativos, que se alastravam por todo o interior da província. Cada cativo, em qualquer lugar da província, sabia que se chegasse a uma ferrovia ou a Santos, encontraria proteção e liberdade.

O grande movimento de fugas em massa de 1887/1888 ocasionou reações diversas entre os delegados de polícia. Muitos se acostumaram com os relatos de fugas em massa e de fugitivos de outros municípios. Mostravam pouco entusiasmo para perseguirem fugitivos pacíficos, que apenas procuravam a liberdade. Não valia a pena se exporem a conflitos violentos entre os fugitivos e os pequenos destacamentos do interior.

Respondendo a ofício do Chefe de Polícia da província, em 23 de janeiro de 1888, o delegado de Sorocaba mostra bem essa falta de entusiasmo: *"é verdade ter passado próximo a esta Cidade doze escravos, porém, pacificamente"*. Em janeiro de 1888, quando mais de trinta escravos fugiram da fazenda Ibicaba, para o Rio Claro, o fazendeiro José Vergueiro mandou um telegrama para o delegado de Rio Claro, solicitando a captura dos fugitivos, mas ele não tomou nenhuma atitude e foi elogiado pelo *Diário de Rio Claro*, de 22 de janeiro de 1888, por não *"baixar e nivelar-se com os capitães do mato"*.

Os fazendeiros, compreendendo o aspecto antieconômico da economia escravagista e que não conseguiriam impedir as fugas, começaram, por conta própria, a dar liberdade para os negros, como forma de reter os trabalhadores em suas fazendas. No relatório de 1888, o Presidente da Província de São Paulo é definitivo:

> *"(..) Em uma reunião de fazendeiros efetuada nesta capital, a 15 de dezembro do ano passado [1887], ficou assentado, com o fim de dar impulso e direção ao movimento emancipador, ficou assentado o prazo máximo de três anos para a extinção do elemento servil na Província. Antes, porém, que a comissão incumbida de executar as deliberações da assembleia organizasse definitivamente as bases do seu trabalho, os acontecimentos se precipitaram.*

Em vários municípios, ao mesmo tempo, os escravos abandonaram em massa as fazendas, procurando, ao princípio, abrigo no município de Santos, colocando-se depois nas localidades vizinhas, e não raro, à visa dos seus próprios senhores (..) Como consequência dessa agitação, multiplicaram-se as alforrias (..)".

A Província de São Paulo, de 10 de janeiro de 1888, registra que:

"(..) Estamos autorizados a declarar que muitos fazendeiros importantes deram ordens aos administradores dos seus estabelecimentos agrícolas que não impeçam, de qualquer forma, a saída dos escravos. Entre estes fazendeiros figura o Dr. Martinho Prado Junior (..)".

Francisco de Paula Rodrigues Alves, presidente da província de São Paulo, registrou no relatório apresentado em 10 de janeiro de 1888 o eminente colapso do escravismo.

"SEGURANÇA E TRANQUILIDADE PÚBLICA. No relatório do Chefe de Polícia encontrareis a exposição de todos os fatos ocorridos no curto período de minha administração. A fuga em massa dos escravos de várias fazendas ameaça em certas localidades da Província a ordem pública, alarmando os proprietários e as classes produtoras. Deram-se em algumas localidades fatos lamentáveis, como em Piracicaba, na fazenda do Barão da Serra Negra, que foi quase vítima dos seus escravos revoltados. Dei as providências que me pareceram convenientes para a manutenção da ordem pública e punição dos criminosos. Embora em menor escala, as fugas continuam e não só abandonam as fazendas os escravos, como aqueles que têm sido alforriados com a cláusula de prestação de serviços".

Em março de 1888, em Petrópolis, sob a liderança da

Princesa Isabel, uma comissão arrecada fundos para comprar a liberdade de 102 dos 127 cativos ainda existentes na cidade. Em meio à cerimônia de entrega das cartas de alforrias, aparecem mais 50 escravos fugitivos, pedindo para serem libertos. Ali mesmo foi feita uma nova arrecadação para libertá-los.

Foi o próprio desenvolvimento econômico capitalista, promovido dentro do sistema escravocrata, que criara as bases para a sua destruição. A irracionalidade da produção cafeeira escravocrata, que tentara impor a convivência da mão de obra escrava ao lado da livre, e a transformação do fazendeiro em empresário minaram a ordem escravocrata. O enfraquecimento da base econômica provoca um racha entre os conservadores, surgindo entre eles uma dissidência abolicionista liderada por João Alfredo[40] que, em 10 de março de 1888, é chamado pela Princesa Isabel para formar o 35° Ministério Brasileiro. Em 3 de maio de 1888, realiza-se a abertura da 20ª legislatura da Assembleia. A Pricesa Isabel lê a fala do trono, que diz:

> *"A extinção do elemento servil pelo influxo do sentimento nacional e da liberdade dos particulares em honra do Brasil, adiantou-se pacificamente de tal modo, que é hoje aspiração aclamada por todas as classes com admiráveis exemplos de abnegação por parte dos proprietários. Quando o próprio interesse privado vem espontaneamente colaborar para que o Brasil se desfaça da infeliz herança, que as necessidades da lavoura haviam mantido, confio que não hesitareis em apagar do direito pátrio a única*

[40] João Alfredo Correia de Oliveira, político, com a morte do Grão-Mestre Visconde do Rio Branco, em 1880, foram realizadas novas eleições para a administração do Grande Oriente do Brasil, de 27 de junho a 4 de julho, e ele foi eleito Grão-Mestre mas, devido às suas viagens, não assume o Cargo.

exceção que nele figura em antagonismo com o espírito cristão e liberal das nossas instituições". Em 7 de maio, João Alfredo, na Assembleia, declara: "Julgo-me dispensado de expor o nosso programa, porque acha-se expresso na fala do trono. Direi somente que o Ministério, se tiver o apoio do Parlamento, há de esforçar-se quanto for possível para que esse programa se converta em realidade, e sobretudo para que se efetue, quanto antes, a reforma do elemento servil, que é a aspiração nacional, e que o Gabinete tem empenho em fazer tão perfeita quanto a opinião pública a indica e quer. Amanhã, será apresentada a proposta do poder executivo, para que se converta em lei a extinção imediata e incondicional da escravidão no Brasil".

A resistência conservadora na Câmara clamava para a catástrofe que se abateria sobre o país e a desorganização da produção. Alguns deputados levantaram a questão da indenização, mas já era tarde. Com o apoio da dissidência conservadora, dos liberais e dos republicanos; o projeto foi aprovado por 85 votos contra 9. No dia 9 de maio, é aprovada a Lei Áurea, abolindo a escravidão sem qualquer indenização, mas também, sem quaisquer medidas para a readaptação dos escravos que foram abandonados à própria sorte.

A atividade dos Caifazes foi tão ativa que em dez anos, praticamente, já não existiria mais escravos em São Paulo. Quando da promulgação da abolição, existia somente 6% de escravos no Estado de São Paulo. Segundo o *Relatório da Comissão de Estatísticas,* em 1887, viviam na Província de São Paulo 107.329 escravos sendo 62.688 homens. Na capital eram apenas 493, para uma população de 47.000 habitantes, já Campinas tinha 9.986 escravos para uma população de 41.258 habitantes.

Na época, diferente de hoje, o trabalho feito por Antonio Bento era conhecido e reconhecido por todos. Em 8 de março de 1888, na festa pela libertação dos escravos em Jacareí, se fizeram presentes Antonio Bento e a Banda da Irmandade de Nossa Senhora dos Remédios. Às oito horas da manhã chegaram à estação, sendo recepcionados por uma enorme multidão e pela banda local do Zéze. Foram feitas várias saudações e, logo em seguida, as duas bandas, em festivo passeio, percorreram as ruas da cidade.

Azevedo Sampaio entregou, em honra a Antonio Bento, a carta de liberdade ao último escravo de Jacareí. Seguiu-se um verdadeiro delírio de vivas a Antonio Bento, libertador da província. Houve uma sessão solene, onde ao final foram erguidos vivas ao município livre, a Antonio Bento, ao Conselheiro Prado, ao Conselheiro Dantas, à imprensa livre e a D. Pedro II.

Em 14 de maio de 1888, o *Diário Popular*, em edição especial pela Lei Áurea, teve como grande homenageado Antonio Bento.

O Senador Christiano Otoni, em sessão do senado, em um justo reconhecimento pela luta de Antonio Bento, atribuiu as glórias da abolição a três entidades: ao ex-imperador, ao Visconde do Rio Branco e a Antonio Bento.

APÓS A LIBERTAÇÃO DOS ESCRAVOS

Antonio Bento, que sempre militou no Partido Conservador, apresentou-se como candidato a diversos cargos sem nunca ser eleito. Com a Proclamação da República, permaneceu retraído e apagado politicamente.

Ele vinha paulatinamente perdendo a fama e o prestígio. Não havia lutado pela abolição por vaidade ou por algum tipo de reconhecimento, mas sim por convicção e ideal. No entanto, como um homem de ação, sempre no comando e no centro dos acontecimentos; era difícil de conviver com o ostracismo. Passou a ser um homem triste e com certa depressão. Porém, no primeiro aniversário de 13 de Maio, teve a grata surpresa de ver os ex-cativos, em espontânea homenagem, reunirem-se e dançarem na frente de sua casa. Emocionado e revigorado, viu que continuava a ser lembrado pelos jornais paulistanos e, principalmente, pelos ex-escravos.

Em 14 de maio de 1888, *A Província de São Paulo* informava que: "*os pretos libertos, residentes nesta capital, vão oferecer uma pena e tinteiro de ouro ao Dr. Antonio Bento*". Até o ano de sua morte, em 1898, este presente deixou de ser material e lhe era entregue, de modo simbólico todo dia 13 de Maio. Na noite do dia 12 de maio, diversos jongos de negros, em grande alarido, percorreram o largo e a Rua da Liberdade, parando em frente a sua casa.

Os grupos, em comemoração pela abolição, passavam principalmente nas redações dos jornais e nas residências daqueles que haviam lutado pela abolição, dando a estas marchas um aspecto extremamente político.

> *"Anteontem os estudantes de preparatórios fizeram uma passeata pelas ruas da cidade complementando diversas corporações, indo saudar o ilustre abolicionista, Dr. Antonio Bento, em sua residência".*

Noite de 14 de maio de 1888, na apresentação da ópera cômica, *O Diabo na Terra*, no Teatro São José, o famoso ator negro Francisco Corrêa Vasques improvisava:

> *No calendário da igreja/(Eu não devo estar errôneo)/o dia treze de junho/é dia de Santo Antônio./No calendário da Pátria/da abolição, a contento,/o dia treze de Maio/é dia de Antonio Bento.*

Diz o *Correio Paulistano*, de 17 de maio de 1888:

> *"A classe tipográfica residente nesta capital também quis manifestar o júbilo de que estava possuída pela extinção da escravidão no Brasil, escolhendo para alvo dessa manifestação o popular cidadão Dr. Antonio Bento. Assim é que precedidos de uma banda de música foram os trabalhadores da imprensa à residência do ilustre cidadão e ofertaram-lhe um lindíssimo ramo de flores naturais, falando por essa ocasião em nome da classe o distinto moço Sr. Julio Garcia, e em nome da Associação Tipográfica o simpático Sr. José R. Martins. O Dr. Antonio Bento agradeceu comovido mais essa prova de consideração pela classe tipográfica paulista".*

Já *A Província de São Paulo*, de 15 de maio de 1888, noticiava:

> *"Ontem, à tarde, os alunos do Colégio Moretz-Sohn, precedidos de uma banda de música, foram cumprimentar o Dr. Antonio Bento, em sua residência, pela extinção da escravatura. Falaram alguns alunos. Retiraram-se e em seguida cumprimentaram as redações dos jornais".*

Em 18 de julho de 1888, a Loja *Piratininga* havia recebido uma prancha enviada pelas Lojas *Independência* e *Regeneração III*, ambas de Campinas, onde pediam a opinião quanto a apresentarem uma representação ao Grande Oriente do Brasil, manifestando a posição da Maçonaria contra o 3°. Reinado. Maçom ativo, Antonio Bento estava na Sessão do dia 1° de agosto de 1888, na Loja *Piratininga*, presidida por Ramalho, e pediu informações ou esclarecimentos sobre as providências que a Loja havia adotado em relação à prancha. O Venerável Mestre sugeriu que a Loja não se manifestasse sobre tal assunto, o que fez com que Antonio Bento declarasse que, embora a Maçonaria não devesse atacar um 3° Reinado, ela deveria se manifestar, a fim de que não fosse cerceada a liberdade do cidadão, tratando-se de afastar o jesuitismo, que desejava predominar sempre, em prejuízo de todos. Ramalho, porém, esclareceu os motivos – não relatados em ata – pelos quais a prancha não deveria ser considerada. A Loja aprovou a proposta de que a prancha não fosse objeto de deliberação.

Temerosos de que poderia haver um recuo da República em relação à abolição, os Caifazes continuaram, por certo tempo, vigilantes e com a publicação do seu jornal.

O *Correio Paulista*, de 14 de maio de 1898, lançou uma edição especial tendo em sua capa a foto de Luiz Gama e Antonio Bento, as lideranças abolicionistas mais cultuadas na época.

Em 19 de maio de 1890, Antonio Bento volta a ser notícia. O jornalista, poeta, cronista e teatrólogo Filinto de Almeida, sob o pseudônimo de Filindal, em crônica no jornal *O Estado de S. Paulo*, escreve:

> *"A festa de 13 de Maio foi modestamente celebrada na rua mais própria para ela – na rua da Liberdade. Foi nessa rua em frente à casa do Dr. Antonio Bento e defronte da minha janela, que à noite se reuniram algumas centenas de libertos para festejarem o seu dia com danças e cantos característicos, batuques ensurdecedores, sons ásperos de chocalhos, umbigadas entusiásticas e convictas".*

Quando do início de uma campanha, que vinha tomando força dia a dia inclusive entre vários abolicionistas históricos, para que se indenizassem os senhores dos escravos, os Caifazes apoiaram a atitude radical e temerária de Rui Barbosa de, em 14 de dezembro de 1890, queimar os comprovantes fiscais e documentação sobre a escravidão do Ministério da Fazenda. Embora tenha sido uma grande perda para a história da escravidão, foi mais do que justificável e correta na época. Logo depois, sentindo que a abolição dos escravos não sofreria mais retrocessos, os Caifazes deram sua missão como cumprida e se retiram do cenário político.

Embora esquecido pelas autoridades, Antonio Bento não era esquecido pelo povo que todo ano lhe prestava homenagem. *O Estado de S. Paulo*, em 14 de maio de 1891, noticiava:

> *"No largo da Liberdade, próximo à casa do Dr. Antonio Bento, desde anteontem à noite que os homens de cor,*

como em todos os anos, festejaram o dia 13 de maio. Organizaram um samba que durou até a madrugada de hoje".

Segundo o *Correio Paulistano,* de 16 de maio de 1893, "*um animadíssimo SAMBA, na frente da residência do conhecido abolicionista Dr. Antonio Bento*". O mesmo *Correio Paulistano,* de 15 de maio de 1894, salienta que "*houve as festas do costume*", com "*ruidosas manifestações de regozijo*", no largo da Liberdade em frente à casa do ex-chefe abolicionista. Também em 14 de maio de 1898, noticia as festas quando "*Esteve muito animado o samba, na Rua da Liberdade, notando-se ali grande número de pretos*".

Podemos dizer que os Caifazes foi uma sociedade política com objetivo de libertar o maior número de escravos na província de São Paulo e, como objetivo mais geral, os escravos de todo o Brasil. Para tanto usava o segredo, a dissimulação e a infiltração. Por isso era também uma sociedade secreta, onde o segredo não era uma finalidade em si, mas um meio indispensável a serviço do seu objetivo. O ataque de surpresa é seu modo peculiar de agir e o segredo é a condição primeira para a eficácia de suas ações.

No entanto, esse segredo não se estendia aos seus membros e muito menos a seu chefe, Antonio Bento, pois tanto senhores de escravos, capitães-do-mato, autoridades e polícia, tinham conhecimento dos Caifazes, da identidade de vários de seus membros e quem era o seu chefe. Interessante é notar que, sem nos esquecermos dos heróis anônimos que tombaram na luta, não conseguiram atingi-los, nem pela violência nem legalmente.

Os Caifazes, como sociedade secreta, não praticava nenhum tipo de cerimônia para admissão e nem tinha sinais, toques ou palavras especiais de reconhecimento. Usavam algumas palavras "*chaves*" nas mensagem impressas nos jornais, senhas e sinais de reconhecimento quando do transporte e recepção dos fugitivos e, quanto às camélias brancas, estas não eram usadas somente pelos Caifazes, mas por todos os simpatizantes da Abolição, principalmente no Rio de Janeiro, onde virou moda.

Também não possuíam qualquer tipo de hierarquia rígida ou divisão em graus ou classes. Uma vez decidida uma ação, escolhia-se aquele que mais se adequava a sua realização.

Em 19 de março de 1890, entrava no Saco de Propostas e Informações da Loja *Piratininga* a seguinte proposta:

> *"Propondo a elevação do Ir∴ Dr. Antonio Bento de Souza e Castro, Gr∴ 30∴, ao Gr∴ 33∴, com dispensa de metaes, não só joias, mas também patentes, porque: Antonio Bento é um vulto histórico; seu nome honra a Maçonaria Brasileira, que nele tem o mais arrojado intérprete do art. 3° da Constituição, que estabelece a Liberdade, a Igualdade e a Fraternidade. Ele tem recursos para pagar os metaes, mas a graça deve ser absolutamente isenta dele, ao contrário a elevação não constituirá o reconhecimento de altos serviços prestados à Ordem e à Humanidade (Art° 137 e 144 da Lei Administrativa). Não há necessidade de provas documentais, de que trata o Art° 145 da citada Lei, porque os seus efeitos estão registrados na História nacional contemporânea; estão nos anaes do antigo Senado descritas pelo ex-senador Christiano Otoni, que atribuiu as glórias da abolição a três entidades: ao ex-imperador 1° , ao visconde do Rio Branco e a Antonio Bento; estão nos anaes da Câmara dos Deputados apreciados por Joaquim Nabuco; estão*

> *em toda imprensa da Capital Federal e do Brasil; estão, enfim, na consciência nacional".*

Antonio Bento foi casado com uma mulher extraordinária; D. Benedita Amélia de Souza e Castro, com quem teve quatro filhos: Bento, Antonio Bento, Eucharides e Joab.

Espírita, era uma mulher de elevados princípios e à frente de seu tempo, consolava os perseguidos, acolhia e protegia os que mais sofriam, dava exemplos diários de coragem e perseverança. Junto com Batuíra, Anália Franco e outros, que pertenciam ao grupo dos Abolicionistas e Republicanos, patrocinavam a construção de abrigos e colégios para jovens, meninos e meninas abandonados. Após o falecimento de Antonio Bento, muda-se juntamente com seu neto, Bento de Souza e Castro, da Rua do Carmo para sua chácara na Freguesia do Ó, continuando com seu trabalho benemerente, no qual dividia com os necessitados os frutos de suas economias. Morreu em 21 de novembro de 1929.

No dia de sua morte, por tuberculose, em 8 de novembro de 1898, Antonio Bento não era mais um homem de destaque no cenário nacional, todavia, seu nome voltou aos editoriais de vários jornais paulistas. Uma década depois da abolição, ainda era objeto de ódio da elite paulistana, conforme deixa transparecer esse estranho elogio fúnebre do jornal O *Estado de S. Paulo,* onde mais denigre que elogia:

> *"O Dr. Antonio Bento de Souza e Castro, o popularíssimo Antonio Bento das lutas pela abolição, faleceu ontem, nesta capital (...). Não era um brasileiro ilustre. Estudou e formou-se na nossa Faculdade de Direito, seguiu, logo depois de formado, a carreira da magistratura, dedicou-se por vezes ao jornalismo, mas, nem na Faculdade, nem na magistratura, nem no jornalismo conseguiu salientar-se.*

Não revelou jamais dotes de inteligência e seu espírito era notavelmente inculto. Ao ouvi-lo falar (falava como um homem rude do sertão) ou a ler o que ele publicava nos seus efêmeros jornais de combate (era deploravelmente incorreto e quase nunca sabia nada além da agressão pessoal ao adversário), ninguém diria que ele era um homem que tinha se sentado durante cinco anos nos bancos de um estabelecimento de ensino superior. Entretanto, o seu nome se fez célebre e glorioso em todo o Brasil e justamente célebre e justamente glorioso".

Sepultado no Cemitério da Consolação, seu túmulo é um belo exemplo da arte tumular. Tem uma Base tumular quadrada de mármore, por um grande vaso vazio, que representa a separação da alma do corpo, com uma placa de bronze com alegorias em relevo do processo abolicionista. O escravo sentado no solo com as correntes quebradas olha para cima, onde uma alegoria feminina aponta para cima onde se vê "*13 de maio*" que surgiu no horizonte para trazer "*liberdade*". O trem saindo do túnel representa a evolução da liberdade "*Uma luz no final do túnel*".

Em 13 de maio de 2005, em homenagem da Grande Loja Maçônica do Estado de São Paulo e do Grande Oriente do Brasil a Luiz Gama, junto ao seu túmulo no Cemitério da Consolação, é lançada a ideia da fundação de uma Loja que homenageasse o grande Maçom Antonio Bento. Um ano depois, em 13 de maio de 2006, foi fundada a Augusta e Respeitável Loja *Antonio Bento* nº 651.

Em 31 de maio de 2007, a Loja inaugura no túmulo, uma placa comemorativa com os dizeres: "*Inspira-nos na continuidade da tua luta contra a escravidão das consciências*".

Todos os anos, no dia 13 de maio, várias entidade vão

aos túmulos de Luis Gama e Antonio Bento prestar-lhes homenagens, mais do que devidas, pelo enorme trabalho feito em prol da abolição da escravatura.

Mas, com certeza, a homenagem que Antonio Bento mais haveria de gostar – pela sua simplicidade, sinceridade e por vir de gente humilde – foi a que José Correia Leite participou e relatou para O *Clarim d'Alvorada,* de São Paulo, em 13 de maio de 1924.

> *"Era uma festa de aniversário da Abolição na casa do* Sr. *Ângelo, "casinha velha, pintada de tijolinhos muito*

mal riscados, situada na rua 13 de Maio", no bairro do Bexiga. A sala pequena estava cheia de cadeiras, enfeitada com bandeirinhas verdes e amarelas e a iluminação por três lampiões a petróleo; no fundo, via-se uma mesinha coberta com um pano verde bordado de amarelo. Numa das paredes, dominando todo o ambiente, estava um grande quadro de Antonio Bento, todo adornado de flores e coberto com uma pequena bandeira nacional. Na porta um 'pretinho alto', olhava para todos os lados; de repente, deu um pulo e entrou gritando: – Seu Ângelo, os pessuá vêm vindo!

Sr. Ângelo, que acabara de pintar um cartaz, subiu em uma cadeira e dependurou num prego um cartaz em que se lia: 'Sede bem-vindos no templo da liberdade'. Mal acabara de descer da cadeira, uma voz grossa ecoou na sala: – Muito boas noites mestre, dê licença pros discípulos amados.

– Pois não. Responde Sr. Ângelo.

Em pouco tempo, a salinha está repleta de convidados. O Sr. Ângelo, muito entusiasmado, sentado na cadeira do centro da mesa, rodeado de vários senhores; levanta-se e diz: – Meus senhores e senhoras, antes de abrir a sessão solene, tenho a dizer que o baile vai ser na varanda e o samba no quintal.

O anfitrião passa a palavra para o Sr. Tibúrcio Ramos, um 'preto velho simpático', que se levantou, pôs as mãos sobre a mesa e começou a palestrar: – Caros patrícios e patrícias. Tenho guardado ainda no meu cérebro os atrozes padecimentos que passei, ao lado de nossos irmãos, quando escravos. Não devo e não posso descrever as tiranias diante de vanceis, porque não quero atormentá os vossos espíritos. Caros patrícios ... esta sessão solene, que ora se realiza, são passos gigantescos que damos p'ros progresso da nossa raça.

A palestra do Sr. Tibúrcio levou quase uma hora; depois, falaram outros oradores e a sessão encerrou-se por volta da meia-noite. Só então é que iniciaram o baile e o samba, que foram até o dia seguinte, quando foram chamados para o almoço. O baile esteve bom, porém o samba muito melhor, com umbigadas, desafios e muitas quadras saudosas".

Esse tipo de homenagem revela que Antonio Bento, embora esquecido pela historiografia oficial, é um herói popular, sempre lembrado pelo povo.

ALGUNS DOS CAIFAZES

Antônio Manuel Bueno de Andrada

Nasceu na cidade de São Paulo em 22 de janeiro de 1857, filho de Martim Francisco Ribeiro de Andrada II e de Ana Benvinda Bueno Ribeiro de Andrada. Seu avô era irmão de José Bonifácio de Andrada e Silva e de Antônio Carlos Ribeiro de Andrada Machado e Silva.

Em 1879, formou-se em engenharia civil pela Escola Politécnica do Rio de Janeiro. Escreveu em vários jornais pela abolição dos escravos, como o *Provinciano*, *Gazeta do Povo, A Redenção, A Província de São Paulo* e *Diário Popular*.

Declarou-se republicano em 1889, quando o Visconde de Ouro Preto assumiu a chefia do Gabinete do Império. Publicou um famoso panfleto, *Os Orçamentívoros*, que foi reeditado cinco vezes em quatro meses.

Quando o Marechal Deodoro da Fonseca instalou o regime republicano em 15 de novembro de 1889, tomou parte no movimento. Na eleição para o Congresso Nacional Constituinte, em 15 de setembro de 1890, candidatou-se a deputado federal por São Paulo em oposição ao governo, mas não foi eleito. Depois, elegeu-se deputado estadual pelo Partido Republicano Paulista e obteve o mandato de senador estadual.

Em 3 de novembro de 1891, foi um dos líderes da resistência ao golpe de Estado desfechado por Deodoro, que fechou o Congresso Nacional. Passou a apoiar Floriano Peixoto e tomou parte na defesa do governo durante a Revolta da Armada. Foi responsável pela defesa de Santos e capturou os revoltosos do navio Centauro, no porto de São Sebastião.

Em 1895, foi eleito deputado federal por São Paulo e reeleito nos dois pleitos seguintes, 1897 e 1900, permanecendo na Câmara dos Deputados até 1902. Como deputado federal, fez forte oposição ao governo do Presidente Campos Sales.

No campo profissional, trabalhou em projetos de saneamento e em linhas férreas. Chefiou a Comissão Técnica de melhoramentos no Acre, sendo seu primeiro governador. Foi engenheiro na estrada norte de São Paulo, em Araraquara, Bragantina e na Central do Brasil, no Rio de Janeiro.

Em 1909, foi novamente eleito deputado federal por São Paulo e sucessivamente reeleito até 1917. Na Câmara dos Deputados, foi duas vezes membro da Comissão de Orçamento e duas vezes presidente da Comissão de Obras Públicas.

Faleceu na cidade do Rio de Janeiro, em 17 de junho de 1941. Foi casado com Idalina Huet Bacelar, com quem teve dois filhos. Publicou *Abolição em São Paulo: Depoimento de uma Testemunha*, em 1939.

Antonio Gonçalves da Silva (O Batuíra)

Abrigava escravos em sua casa, conseguia lhes carta de alforria e fundou um jornalzinho a fim de colaborar na campanha abolicionista.

Nasceu em Batuíra – Portugal, em 19 de março de 1839. Completou apenas a instrução primária, veio para o

Brasil em 3 de janeiro de 1850. Durante 3 anos trabalhou no comércio da Corte. Daí passou para Campinas, onde trabalhou na agricultura.

Afonso Schimidt relata:

> *"Em 1873, por ocasião da terrível epidemia de varíola que assolou a capital da província, ele serviu de médico, de enfermeiro, de pai para flagelados, deu-lhes não apenas o remédio e os desvelos, mas também o pão, o teto e o agasalho. Daí a popularidade de sua figura. Era baixo, entroncado e usava longas barbas que lhe cobriam o peito amplo. Com o tempo, essa barba se fez branca e os amigos diziam que ele era tão bom, que se parecia com o imperador".*

Na capital paulista, foi distribuidor do "*Correio Paulistano*". Muito ativo, correndo de um lado para outro, é apelidado "*o batuíra*", nome da narceja, ave pernalta, muito ligeira e de voo rápido.

Com suas economias monta um teatrinho nos fundos de uma taverna da Rua Cruz Preta. Dedica-se à fabricação de charutos e casa-se com Brandina Maria de Jesus. Homem de costumes simples, alimenta-se apenas de hortaliças, legumes e frutas que plantava no próprio quintal.

Adquire os desvalorizados terrenos do Lavapés, em São Paulo, edificando ali sua residência e, ao lado dela, pequenas casas que alugava a pessoas necessitadas. Com a valorização torna-se um abastado proprietário com apreciáveis recursos financeiros.

Morre, com 12 anos, o único filho de sua segunda esposa, Maria das Dores Coutinho e Silva. Sofrendo, só encontra lenitivo no Espiritismo. Integra-se resolutamente nessa causa, procurando pautar seus atos nos preceitos evangélicos.

Passa a ser, de 1899 a 1900, o agente exclusivo do "*Reformador*". No dia 6 de abril de 1890, restabeleceu o Grupo Espírita "*Verdade e Luz*", com sede em sua casa.

Adquire uma pequena tipografia, iniciando a 20 de maio de 1890 a publicação de um quinzenário de quatro páginas com o nome "*Verdade e Luz*", posteriormente transformado em revista e do qual foi o diretor– responsável até a sua morte. Em 1897, a tiragem chegou a 15 mil, quantidade fabulosa naquela época.

Espírito de grande bondade, sensível a todas as desventuras, dividia com os necessitados suas economias. Aos doentes atendia com a homeopatia, em sua própria residência – um misto de albergue, asilo, hospital, farmácia e de escola – onde difundia os princípios espíritas. Afirmava-se à época que “*um bando de aleijados vivia com ele*”. Quem chegasse a sua casa, fosse quem fosse, tinha cama, mesa e medicação.

Em 1902, teve que vender uma série de casas para equilibrar suas finanças. Médium curador, realizou centenas de curas de caráter físico e espiritual, ministrando água fluidificada ou aplicando passes magnéticos. O povo passou a denominá-lo “*Médico dos Pobres*”.

Criou Grupos e Centros Espíritas em São Paulo, Minas Gerais e Rio de Janeiro. Realizou conferências em várias cidades de vários Estados, ocasião em que visitava e curava os sofredores; distribuía gratuitamente livros, prospectos e folhetos de propaganda do Espiritismo.

Em 24 de maio de 1908, constitui em São Paulo a *União Espírita do Estado de S. Paulo*, que federaria todos os Centros e Grupos do Estado.

Faleceu em 22 de janeiro de 1909. Vários órgãos da imprensa registraram a sua morte e sua figura de homem caridoso e dedicado aos sofredores.

Antonio Muniz de Souza

Natural de São Sebastião, bacharel em Direito em 1879, se transferiu para Amparo, onde foi Promotor Público, vereador quatriênio 1883/1887 e vice-presidente da Câmara em 7 de janeiro de 1884.

Em 24 de janeiro de 1883, apresentou um Projeto do Código de Posturas Municipais. Defendeu que a nova cadeia e casa da câmara fossem construídas no Largo de Santa Cruz. Foi deputado provincial em 1884/1885. Em 6 de julho de 1885, foi eleito membro do Conselho Municipal de Educação.

Em 14 de julho de 1886, recorreu ao Presidente da Província contra a decisão da Câmara sobre a construção do Mercado.

Em agosto de 1886, o Presidente da Província mostrou surpresa de que ele continuava assinando atas, apesar de estar de licença para tratar da saúde desde março. A Câmara informou:

> *"Obtida a licença nunca fez uso dela, continuando a comparecer às sessões sempre que lhe convinha. Há 2 meses, mais ou menos, o mesmo vereador retirou-se da cidade com sua família, vendeu parte de seus bens móveis e embarcou outros, entregando a chave da casa em que residia nesta cidade, e que, pelo jornal da terras, despediu-se dos amigos, declarando que ia residir em São Paulo, e de fato continua a anunciar nos jornais da Capital que aí se emprega no Magistério".*

Em 30 de junho de 1887 descobriu-se que o "*livro perdido*" das obras da Matriz, procurado durante anos, estava em seu poder.

Mudou-se para São José do Rio Pardo, onde participou dos incidentes ocorridos em 10/11 de agosto de 1889, quando da visita de Francisco Glicério àquela cidade. Na noite de 10 de agosto de 1889, após homenagens a Francisco Glicério no Hotel Brasil, o povo saiu às ruas cantando a Marselhesa, confrontando os monarquistas. O hotel foi atacado e depredado pela polícia. No dia seguinte, republicanos e fazendeiros com seus colonos armados, dirigiram-se à Casa da Câmara e Cadeia, prenderam o presidente da Câmara e o subdelegado, e proclamaram a República, três meses antes da nova forma de governo. No dia seguinte, tropas vindas da capital retomaram a cidade dos republicanos.

Faleceu em São Paulo em 1909. Foi casado com Paula Gomide Reichert.

Arthur Carlos

Segundo Antonio Manuel Bueno de Andrade, era "*Arthur Carlos, um preto moço, alto, espigado, vivo e inteligente, continuou em propaganda republicana entre os pretos de S. Paulo, os mesmos serviços à democracia que já prestara durante a abolição*". Liderava muitos negros de São Paulo, sobre os quais tinha bastante influência e que participavam de confrontos com as autoridades. Dorothy B. Porter menciona que "*entre alguns dos abolicionistas negros (...), muitos dos quais foram também companheiros de Luiz Gama, estava Arthur Carlos, um jovem e inteligente homem negro que trabalhou entre os negros em São Paulo*". Entre seus seguidores estava Casemiro Corrêa Pinto, o cabeça pensante do grupo e que comandava as ações arriscadas.

Um dos pioneiros da imprensa negra no Brasil, em 1889, funda o jornal *A Pátria – Órgão dos Homens de Cor,* para a defesa da cidadania dos negros no pós-abolição.

Impresso entre a abolição e a instauração da República, *A Pátria* absorveu essas duas temáticas, situando-se distante das disputas entre os partidos Liberal e Conservador:

> *"Para nós, homens de cor, em nada influiu a queda dos conservadores, assim como a ascensão dos liberais ao poder. (...) Teremos sempre por divisa: Liberdade, Igualdade, Fraternidade. Abraçando por essa forma as doutrinas republicanas, porque só nela encontraremos a reabilitação de nossa raça estigmatizada pela escravidão".*

Um ano após a abolição, Arthur Carlos já mostrava sua frustração:

> *"O modo frio com o qual foi acolhida aquela data demonstra evidentemente a falta de patriotismo que existe entre nós! (...) Os dias 12 e 13 de maio do corrente ano em nada diferiram dos comuns, senão pelo zelo especial que teve a nossa polícia em mandar espancar e pisar as patas de animais os transeuntes que saíram de suas casas em busca de festas e que, completamente desenganados, tiveram que recolherem-se a seus lares, porque a prudência assim aconselha. Dizendo que não houve festas, faltamos um pouco com a verdade. Sim... Tivemos festas... Algumas iluminações, música na rua e largo da liberdade, e também batuques a valer, enfim, uma brincadeira particular, que não traduziam o sentimento de um povo".*

Homem livre, apenas em 2 de abril de 1890, registrou-se como eleitor do distrito do Sul da Sé (número geral 1260), informando ser solteiro, morador da Rua Conde de Sarzedas, desempenhar o ofício de artista e de identidade paterna desconhecida.

Pobre, morreu em um hospital de caridade, em 11 de agosto de 1899, de insuficiência mitral, e foi sepultado na Carneira da Câmara n. 193, 2ª Ordem.

O *Progresso*, de 24 de agosto de 1899, trouxe nota de seu falecimento:

> *"Faleceu a 11 do corrente, nesta capital, o nosso prezado amigo e companheiro de lutas Arthur Carlos. O ilustre finado, por suas qualidades, pela amenidade de trato, pelo papel que desempenhou na sociedade paulista tornou-se merecedor da admiração de quantos o conheciam e da gratidão de seus amigos. Pretendíamos publicar sua*

biografia, porém, por nos ter chegado às mãos já muito tarde, não nos foi possível fazê-lo. No próximo número nos obrigaremos deste dever".

Bernardino José de Campos Júnior

Nasceu em Pouso Alegre, Minas Gerais, a 6 de setembro de 1841. Fez o curso secundário em Campinas, São Paulo, para onde se transferiu ainda criança. Em 1858, matriculou-se na Faculdade de Direito de São Paulo, bacharelando-se em 1863. O assassinato de seu pai fez com que, no ano seguinte, começasse a advogar com "*ardor e tenacidade que os anais judiciários poucas vezes registram*", como assinalou Francisco Glicério:

> *"Nessa fase de sua vida seus amigos notaram a mudança que nele operara a morte de seu pai, seguida da luta judiciária, perdendo a jovialidade que o caracterizava, para cobrir-se daquela melancolia que nunca mais o deixou".*

Casou-se em Campinas em 1865 e, em 1866, abriu banca de advogado em Amparo. É eleito várias vezes vereador, tendo se dedicado à propaganda abolicionista, ao lado de Antonio Bento. Assim o descreve Cândido Mota Filho:

> *"Ia, a cavalo, pelos arredores da cidade e, transpondo as morrarias, entrava pelas fazendas e sítios, chegando aos municípios da proximidade, nos quais conseguira fama de ótimo causídico. E nessas viagens, às vezes longas e duras, com sol excessivo ou chuva desoladora, proporcionava a fuga dos negros".*

Em Amparo, em 1871, foi um dos organizadores e

fundadores do *Clube Paulistano,* e do Partido Republicano Paulista, em janeiro de 1872, tendo participado da *Convenção Republicana de Itu* em 1873. Foi também um dos fundadores do *Club 8 de Setembro*, em 1885. Jornalista, colaborou no *Correio Paulistano,* na *Gazeta de Campinas,* na *Província de São Paulo* e no *Diário Popular*. Dirigiu a *Tribuna Amaparense,* em 1783, e em 1881 fundou, com Peixoto Gomide, Muniz de Sousa e Antônio Bittencourt, o jornal Época.

Durante a apuração das eleições de 1871, houve um violento conflito entre liberais e conservadores. Bernardino de Campos, que era liberal, envolveu-se na briga, apesar de sua compleição franzina, e acabou ferido.

Foi eleito vereador para o quatriênio 1877/1881. Tendo Peixoto Gomide, em 4 de dezembro de 1878, se declarado republicano e em oposição à maioria da Câmara, Bernardino disse:

"isso dará ensejo a que por sua vez declare que

> *politicamente era francamente oposicionista como republicano e quanto aos atos de administração decidir-se-ia pelo que fosse justo".*

Reelegeu-se vereador em 1881. Em 1882, tornou-se membro da Comissão Permanente do Partido Republicano Paulista. Em 1877, foi eleito, por Amparo, deputado à Assembleia da Província de São Paulo. Devido principalmente ao seu empenho, em 1887, os chefes dos republicanos adotaram a proposta da abolição total dos escravos no *Manifesto do Congresso Republicano Federal* de 5 de janeiro de 1887, assinado, entre outros pelos Maçons: Joaquim Saldanha Marinho, Quintino Bocaiúva, M. Ferraz de Campos Sales, Arististes da Silveira Lobo e Ubaldino do Amaral; constava:

> *"Na manutenção obstinada da escravidão, como a alavanca da propriedade territorial, constituída no regime de um feudalismo bastardo, fatal ao desenvolvimento da produção nacional e da riqueza pública e tão depressora da energia vital do país quanto à dignidade e independência dos próprios possuidores do solo cultivável da terra brasileira".*

Em 1888, ficou conhecido nacionalmente com a divulgação do *Manifesto de 24 de maio*, que pregava a Revolução. Proclamada a República, foi nomeado o primeiro Chefe de Polícia do Estado de São Paulo, tendo dado a esse cargo, segundo Prudente de Morais, "*prudente e criteriosa, justa e enérgica direção*".

Eleito deputado federal, em novembro de 1890, tomou parte no Congresso Constituinte de 1890/1891 e integrou a Comissão Especial de 21 deputados e senadores para dar parecer sobre o Projeto de Constituição. Sua atuação caracterizou-se pela prudência, comedimento e realismo. Nomeado Ministro do Supremo Tribunal Federal, não aceitou.

Em 31 de outubro de 1891, é eleito presidente do Poder Legislativo, tendo demonstrado sua capacidade de comando, altivez e coragem, ante as constantes ameaças ao Poder Legislativo. No dia 3 de novembro de 1891, aconteceu o golpe de Estado do governo e a dissolução do Congresso Nacional, e ele encabeçou uma violenta reação do Congresso Nacional.

Foi presidente do Estado de São Paulo de 18 de agosto de 1892 a 15 de abril de 1896. Em 1893, por ocasião da Revolta da Armada contra o Marechal Floriano Peixoto, em visita ao Forte Augusto no momento em que um navio rebelde atirava sobre a cidade de Santos, foi aconselhado a abaixar-se, e respondeu com a célebre frase: "*São Paulo não se abaixa!*". Defensor da legalidade, deu apoio incondicional a Floriano Peixoto.

Senador em 20 de julho de 1896, renunciou a 20 de novembro, para assumir a pasta da Fazenda, e conseguiu o primeiro *funding-loan* da República, em junho de 1898. A 15 de novembro, tendo promovido a reabilitação financeira da Nação, considerou encerrada a sua missão na pasta da Fazenda. Reeleito senador em 1900, fez parte da comissão encarregada de estudar o projeto de Código Civil, revelando-se a sua cultura geral e especializada.

Em julho de 1902 assume, pela segunda vez, a presidência de São Paulo. Com mais de 60 anos, vítima de glaucoma, passa a usar óculos escuros e sofre de dores cruciantes. Renunciou em 30 de abril de 1904 e viajou em maio, para a Europa. Operado em Paris, viaja pela Europa. Volta em 1905 e é recebido com estrondosa consagração popular. Lembrado como candidato à sucessão de Rodrigues Alves, responde:

"Eu não sou candidato a coisa alguma. Nunca, em toda a minha vida, o fui. Fizeram-me candidato. Estava na Europa cuidando da saúde e não pensava, absolutamente, na sucessão presidencial. Se o partido adotou a minha candidatura, eu vivo com o meu partido". Renuncia à candidatura em agosto de 1905, afirmando que "não podia consentir que se pusesse como obra de ambição o que somente era do patriotismo e amor".

Em 1905, viajou novamente para a Europa, para tratamento da saúde de pessoa da família. O seu único olho bom adoece e ele volta ao Brasil completamente cego.

Em 1906, teve o seu nome lançado à presidência da República, da qual declinou em favor de Afonso Pena.

Em 1909, seu nome é lembrado para a presidência em oposição ao Marechal Hermes Rodrigues da Fonseca, mas o nome que empolga o antimilitarismo é o de Rui Barbosa, a cuja campanha Bernardino de Campos se entrega de corpo e alma. Foi aclamado presidente de honra na convenção do Partido Republicano Paulista, em 22 de agosto de 1909.

Em março de 1914, embarca mais uma vez para a Europa, a fim de acompanhar os estudos dos filhos e o tratamento de sua mulher. A Primeira Guerra Mundial o surpreendeu na Alemanha. Após uma perigosa travessia do Atlântico infestado de submarinos alemães, em 14 de outubro de 1914, profundamente abalado, desembarca em Santos e volta a exercer a mesma influência política, frequentando o partido e sendo ouvido por todos com a maior consideração. Encerrou sua carreira política como senador estadual. Recebeu do Governo o título de *General Honorário do Exército Brasileiro*.

Faleceu no dia 18 de janeiro de 1915. Os seus últimos momentos foram assim descritos por Cândido Mota Filho:

"O automóvel fechado que o leva dá voltas pelo centro, dificultosamente, em virtude do movimento, que era intenso. Bernardino de Campos tem a feição transtornada. O secretário, que o acompanha, percebe a extensão do seu sofrimento. Ao passar o carro pelo Largo de São Francisco, bem em frente à Academia de Direito, Bernardino de Campos tem um estremecimento brusco e deixa cair a cabeça sobre o peito. Estava morto. O relógio da Faculdade, que ele amara tanto, acusava 15 horas. O automóvel vai mais depressa em procura de socorro médico e chega ao escritório do Dr. Murtinho Nobre. Não adianta mais nada".

O povo paulista demonstrou a sua gratidão pela heróica luta contra a intervenção federal no Estado, transformando o seu enterro em uma comovente apoteose.

A Maçonaria paulista prestou-lhe grande homenagem, mas o Grande Oriente do Brasil, dominado por paixões mesquinhas de alguns Maçons, ficou indiferente, porque não pertencia ao partido político do Grão-Mestre Lauro Sodré.

Iniciado na Loja *Amizade*, quando estudante de Direito em São Paulo, da qual depois tornou-se Membro Honorário, aparece ao lado de 16 outros fundadores, a 18 de agosto de 1872, da Loja *Trabalho*, em Amparo, onde foi Orador e membro da comissão encarregada de elaborar o Regimento Interno e, cumulativamente, era membro da Comissão de Justiça. Em 19 de maio de 1873, como Orador, protestou veementemente contra a propaganda feita em Amparo por 2 missionários jesuítas e contra o Vigário, que do púlpito, atacava a Maçonaria e a Loja *Trabalho*. Em 10 de julho de 1873, apresentou um projeto sobre a criação de uma escola noturna para o sexo masculino que funcionou por muitos anos e em 1889, ainda com o seu apoio, a Loja fundou uma Oficina de Instrução.

Em 11 de setembro de 1873, foi eleito Venerável, Cargo em que foi confirmado em 18 de abril de 1874 e reeleito em anos posteriores. Em 12 de março de 1874, conseguiu do Grande Oriente Unido, a Carta Capitular para a sua Oficina e a concessão inicial para a regularização dos Graus 9, 12, 18, 22, 27e 30. É quase certo que nessa ocasião, tenha recebido o Gr.·. 30. Foi reeleito Orador nos exercícios de 1881/82 e 1882/83, e Presidente da Comissão de Obras e Edificação do Templo Próprio, ocupando outros Cargos importantes no quadro. A Loja *Trabalho* acabou lhe conferindo o título de membro Remido.

Mais tarde, ainda se tornou Membro Honorário da Loja *Independência e Ordem* de Campinas e da Loja *Amizade* de São Paulo. Não temos a data precisa de quando recebeu o Grau 33, mas é quase certo que tenha sido na Jurisdição do Grande Oriente Unido de Saldanha Marinho, antes da incorporação ao Grande Oriente do Brasil, em 18 de janeiro de 1883.

Foi um dos Maçons amparenses que deram procuração em 4 de março de 1875, ao Conselheiro Saldanha Marinho, para reclamar do Governo Imperial contra as bulas papais que excluíam os "*pedreiros livres*" dos atos da Igreja. Interessante é que, na Sessão de 6 de julho de 1857, na Loja *Piratininga,* foi lida uma carta da Loja *Amizade,* que o reprovava como candidato à Iniciação. Não se sabe por qual motivo, mas não era nada grave, pois foi Iniciado posteriormente na Loja *Amizade.*

Clímaco Ananias Barbosa de Oliveira

Nasceu em Salvador, em 1839, formou-se em medicina pela Faculdade do Rio de Janeiro, em 1864. Muda-se para Vitória, possivelmente por conta da epidemia de varíola que grassava na capital capixaba. Participa ativamente da imprensa, combatendo os conservadores, especialmente nas páginas do jornal *Sentinela do Sul*, onde ainda publica, em 1867, o romance *Georgina*. Publicou *Tristes e Íntimas: Poesias*, em 1863; *A albuminúria* – tese, em 1864 e *Do Aborto Provocado*, em 1867.

Fixou-se em São Paulo, torna-se Maçom. Era membro do *Centro Abolicionista de São Paulo*, suas avaliações médicas que iam a juízo, muitas vezes contribuíram para uma significativa diminuição do preço dos escravos, possibilitando a compra das alforrias.

Esteve ao lado de Luis Gama como precursor da campanha abolicionista. Em 1884, é incriminado em uma denúncia com o título de "*Escravos Entregues a Diversas Pessoas pelo Senhor Antonio Bento*", acusado de acoitar e favorecer fugas de escravos.

Fundou a *Gazeta de São Paulo*. Como deputado geral apoia as iniciativas de emancipação dos escravos. Cultor das artes, foi o responsável em 1887 pela primeira apresentação em São Paulo da viola caipira, feita pelo fluminense Pedro Vaz.

Em 1893, participa da Revolta da Armada, sendo preso na Fortaleza da Lage, no Rio de Janeiro, cidade onde viria a falecer em 23 de agosto de 1912, sendo sepultado no Cemitério do Caju.

Enéias Galvão

Nasceu em São José do Norte, Rio Grande do Sul, em 20 de março de 1863. Sobrinho do Marechal Deodoro, filho do Tenente-General Rufino Enéas Gustavo Galvão, Visconde de Maracaju, e D. Maria Faustina Passos Galvão.

Formou-se na Faculdade de Direito de São Paulo, em 1886. Grande ativista nos centros políticos, literários e na imprensa acadêmica, colaborando em vários jornais.

Promotor Público em Barra Mansa, em 1º de outubro de 1906; em 22 de abril de 1889, foi Juiz Substituto de Vassouras, Rio de Janeiro, cargo do qual foi depois removido para 2º Juiz Substituto da Corte, em 10 de agosto de 1889, e de 2º para 3º Juiz Substituto, em 30 de abril de 1890. Chefe de Polícia do Distrito Federal, por nomeação em 25 de janeiro de 1900, cargo do qual foi exonerado, a pedido, em 6 de agosto de 1901.

Pretor da 6ª Pretoria do Distrito Federal, em 26 de novembro de 1890. Passou para o cargo de Juiz do Tribunal Civil e Criminal, em 3 de setembro de 1898, e Desembargador da Corte de Apelação, em 1º de outubro de 1906. Em 17 de agosto de 1912, foi nomeado Ministro do Supremo Tribunal Federal.

Exerceu os cargos de Vice-Presidente do *Club Republicano da Faculdade*, redator do jornal *A República* e presidente dos centros Abolicionista e Luiz Gama. Publicou: *Miragens*, *Poema íntimo*, *Galerias das Crianças*, *Galeria Romântica* e outros trabalhos.

Em todos os cargos que exerceu, conquistou o justo renome de magistrado talentoso, de grande saber, operoso e íntegro. Por ocasião do 1º Congresso de História Nacional, em 1914, apresentou a tese *Juízes e Tribunais no período colonial — Tribunais criados por D. João VI.*

Casado com D. Lísia do Vale Galvão, faleceu em 24 de novembro de 1916, na cidade de Teresópolis. Seu corpo foi transportado para o Rio de Janeiro, sendo sepultado no Cemitério de São João Batista.

Eugênio Egas

Nasceu em Iguape, em 15 de maio de 1863 e morreu em São Paulo, em 29 de junho de 1956. Filho de José Joaquim Egas e Maria Alves de Andrade. Aos 12 anos vai para São Paulo onde ingressa na Faculdade de Direito, em 1880, e forma-se, em 15 de novembro de 1884.

Na Faculdade adota os ideais abolicionistas e republicanos. Foi advogar em São Carlos do Pinhal, onde fundou o jornal "*O Oitavo Districto*", órgão republicano.

Eleito vereador para o quatriênio 1877/1881. Em 4 de dezembro de 1878, declara-se francamente oposicionista como republicano e quanto aos atos de administração decidir-se-ia pelo que fosse justo.

Membro de várias Comissões, teve uma atuação parlamentar ativa, apresentando vários projetos.

Historiador, foi um dos fundadores, em 27 de novembro de 1909, da Academia Paulista de Letras. Ingressou no *Instituto Histórico e Geográfico de São Paulo,* onde, além de Secretário, foi Orador, que tinha entre suas atribuições a de fazer os necrológios dos sócios falecidos e que foram publicados em volumes de 1916/1924.

Em 1908, secretariou a comissão para a execução do monumento a Diogo Antonio Feijó. Coube a ele implementar o projeto, desde a publicação de artigos na imprensa até a inauguração do monumento em 24 de maio de 1913. Escreveu livros e artigos sobre o regente e sua vida política e lançou o livro *O Monumento de Diogo Antonio Feijó (Sua história – Sua execução – Festas inauguraes)*, onde narra toda a história do monumento.

Dirigiu o *Patronato Agrícola*, vinculado à Secretaria da Agricultura, de 1912/1931, e que tinha como objetivos promover a imigração e colonização no Estado.

Autor de mais de setenta volumes, destacando-se: *Os Municípios Paulistas* e *Galeria dos Presidentes de São Paulo*. Foi um dos artífices na construção da memória nacional. Em colaboração com Oscar Motta Mello, editou a reconstituição dos Anais da Assembleia Legislativa Provincial de São Paulo do período de 1835/1861, editados de 1923/1930. Além da transcrição das atas e das principais leis de cada ano do período 1835/1860.

José Hipólito da Silva Dutra

Nasceu em Campinas, em 13 de agosto de 1858, filho de Antonio da Silva Dutra e Brandina Dutra da Silva. Aos 13 anos, seguiu para a Estação do Rio Grande, onde dedica-se ao comércio. Poucos meses depois, transferiu-se para Santos, como ajudante de guarda-livros da casa Valencio Leomil & Cia, ficando até 1877.

Aos 16 anos, colaborou no jornal *Sempre-Viva* e redigiu

o primeiro periódico republicano editado em Santos, *O Raio*, fundado por ele e pelo padre Francisco Gonçalves Barroso. Em 1877, fundou o *Diário de Notícias*, com João Guerra, e colaborou na *Imprensa* e no *Diário de Santos*.

No final da década de 1870, retornou a Campinas, onde trabalha no escritório de seu parente, Francisco Glicério, ao mesmo tempo que era guarda-livros de vários estabelecimentos comerciais. Colaborou na *Gazeta de Campinas*, no *Petiz Jornal* e fundou o *Correio da Tarde*; publicou ainda alguns jornais literários, preparou o *Almanaque Popular* e fundou a *Boêmia Dramática*. Com Carlos Ferreira, organizou o *Almanaque Literário de Campinas* para o ano de 1879, e fundou, em 1880, com José César de Góis, o *Correio da Tarde*, defendendo a libertação dos escravos e a República.

Na Lidgerwood Mfg Co., seu chefe decidiu confiar-lhe um lugar no escritório do Rio de Janeiro. Em meados da década de 1880, a fim de casar-se com Emília Branco da Silva, retornou a São Paulo, fixando residência na capital. Empregou-se na casa Monteiro da Silva & Cia, até 1889. Em 1890, assumiu a gerência da casa Payao & Cia.

Foi um dos criadores da *Sociedade Humanitária dos Empregados no Comércio*, de que viria a se tornar sócio benemérito. Em 1885, redigiu O *Ganganelli* e, em 1886, *O Ensaio*. Colaborou com o *O Brasil Contemporâneo,* de 1886 a 1887 e foi um dos redatores da *A Redenção,* de 1887 a 1888. Nessa época, já tinha publicado *Os Latifúndios*, "*uma pequena brochura de versos satíricos de cunho claramente abolicionista*".

Segundo José Maria dos Santos, foi sobre um grupo de jovens colaboradores de Antonio Bento, entre os quais estavam Adolfo Gordo, Muniz de Souza, Bueno de Andrada, Garcia Redondo, Silva Pinto, Carlos Garcia, Júlio Mesquita,

Paula Novais e Hipólito da Silva, que o então presidente do Partido Republicano Paulista, Bernardino de Campos, assentou a regeneração do partido a partir de 1887, quando fizeram a opção pelo abolicionismo, abandonando a postura ambígua que vinham adotando desde a fundação do partido.

Em sociedade com João Vieira de Almeida e Gabriel Prestes, fundou o jornal *Grito do Povo*, publicado entre junho de 1888 e janeiro de 1889, onde parodiavam as produções literárias de autoria do próprio imperador, do Conde d'Eu e de outros membros da família reinante veiculadas no *Correio Imperial*, jornal editado em Petrópolis.

O grupo de propagandistas que o jornalista formou com Júlio de Mesquita, Carlos Garcia, Bueno de Andrada e Paula Novais foi denominado pelo próprio Hipólito como uma "*patrulha da vanguarda*" na propaganda republicana, sob influência do publicismo de Silva Jardim.

Proclamada a República, foi membro da intendência municipal e incumbido de fundar e organizar o *Diário Oficial de São Paulo*, onde foi seu diretor até assumir a administração do jornal *O Estado de S. Paulo* em 1890, onde já publicava a seção "*Pipocas*", continuando a propaganda republicana, mesmo após ter sido proclamada.

Administrou *O Estado de S. Paulo* até agosto de 1890, quando assumiu a gerência da Payao & Cia, permanecendo como redator da parte comercial do matutino.

Saiu candidato às eleições estaduais pela chapa de Américo Brasiliense. Eleito deputado constituinte, teve seu mandato renovado em julho, permanecendo como secretário da mesa até janeiro de 1892. Nessa época ele colaborava no jornal *A Federação*, cujas oficinas foram empasteladas durante as agitações em torno da mudança de governo em São Paulo.

Em discurso na Câmara de São Paulo, pediu a troca de nomes das ruas que se referiam ao antigo regime.

No início de abril de 1892, se noticiou uma conspiração tramada contra Floriano Peixoto, na qual estariam envolvidos alguns chefes oposicionistas de São Paulo, entre eles Hipólito da Silva. O grupo foi responsabilizado por articular um movimento armado no interior do estado, em conexão com conspiradores no Rio de Janeiro.

Caiu no ostracismo e não se envolveu mais com a política partidária. Segundo Pires do Prado, "*repudiou completamente a política e trancou o seu diploma de eleitor na sua gaveta*". Voltou-se "*inteiramente à sua profissão de guarda-livros, faz actualmente [1899] parte da importante e conceituada firma Cardoso, Magalhães, Barker & Cia...*". No entanto, concorreu às eleições de 1894 para a câmara estadual; não se elegendo. A partir daí, de fato, não se envolveu com atividades políticas, a não ser no movimento municipalista na segunda metade da década de 1890.

Ocupou por muitos anos o cargo de deputado na Junta Comercial de São Paulo, e continuou atuante na Sociedade Humanitária dos Empregados no Comércio. Incentivou a criação de um Conservatório Dramático e Musical em São Paulo e onde foi docente do novo instituto como professor de literatura e declamação.

Sua volta à publicidade se faria com a revista *Vida Paulista*, de 1903/1905, onde era um dos principais redatores e foi diretor literário. Ao lado de Martim Francisco III e João Vieira de Almeida, fundou O *Autonomista*, para combater o governo de Bernardino de Campos. Publicou, ainda, *A Clava*, com Manuel dos Passos e foi colaborador no jornal *A Plateia*.

No segundo semestre de 1909, a fim de tratar de sua

saúde, retirou-se para Águas Virtuosas, Minas Gerais, onde faleceu em 24 de setembro, onze dias antes da fundação da Academia Paulista de Letras, para a qual havia sido convidado a ocupar uma cadeira. Está sepultado no Cemitério da Consolação.

João de Macedo Pimentel

Saiu do Ceará como Voluntário da Pátria para a Guerra do Paraguai e ali conquistou os galões de Tenente-Coronel de Infantaria da Guarda Nacional. Na Ordem do Dia nº 2, de 17 de abril de 1869, já como Major, foi nomeado ajudante de ordens do Conde d'Eu. Na Ordem do Dia nº 41, de 31 de dezembro de 1869, é promovido por antiguidade a Tenente-Coronel.

De volta à pátria, torna-se escrivão do júri, dos feitos da fazenda e do registro de hipotecas da Capital de São Paulo. Era condecorado com os oficialatos da Rosa, Cristo e Cruzeiro. Em 25 de setembro de 1867, pelo Decreto nº 1503, foi-lhe concedida uma pensão de 60$000 mensais.

Seus serviços à causa abolicionista foram de grande relevância. Faleceu a 13 de dezembro de 1887, em São Paulo.

Major Joaquim Xavier Pinheiro

Nasceu em Santos, em 2 de dezembro de 1830. Respeitado chefe liberal, presidente do *Clube XV* em 1875, vereador no período de 1877/1880, tendo posto no desempenho do mandato toda a força do seu trabalho, da sua dedicação, da sua paixão, tendo sido presidente da Câmara de Santos em 1878 e lutou para que o Arsenal da Marinha fosse transformado em armazém.

Montou a *Fábrica de Cal de São Benedito de Paquetá*, na rua Quartéis, hoje Xavier da Silveira, que lhe trouxe riqueza.

Foi também delegado de polícia e tesoureiro da comissão que instalou o Teatro Guarani, que participou grandemente da vida artística, cultural, política e social de Santos, especialmente da campanha abolicionista, e nele realizou inúmeras concentrações.

Acoitava os escravos, tornou-se um dos maiores cooperadores, financiando, com outros companheiros, diversos empreendimentos e o Quilombo do Jabaquara.

Foi o grande incentivador e presidente da *Sociedade Emancipadora 27 de Fevereiro*, que tinha como finalidade libertar até o último escravo no Município. Na sua instalação, em 14 de março de 1886 no Teatro Guarani, perante cerca de 2.000 pessoas, foram entregues 12 cartas de liberdade.

Por solicitação do Major Xavier Pinheiro, a Beneficência albergou muitos escravos foragidos, vestindo-os e alimentando-os.

Afirmaram na época que ele, nos últimos anos da campanha abolicionista, se aproveitara dos escravos foragidos em seu sítio, empregando-os na lavoura e na coleta do material calcário, nada lhes pagando em troca. Se o fez, o que não ficou provado, foi para ressarcir suas despesas da campanha, como viagens, alimentação dos refugiados do Jabaquara, compra de alforrias, custeio de ações judiciais. O que é importante ressaltar sobre sua pessoa é que, tenha ou não tenha agido assim, isso não lhe tira o mérito de haver sido um notável abolicionista e um dos responsáveis pela abolição na Província de São Paulo.

Júlio Prates de Castilhos

Nasceu em Cruz Alta, em 29 de junho de 1860. Órfão com pouco mais de dez anos, herdou a fortuna de seu pai e investiu em sua educação.

Formado pela Faculdade de Direito de São Paulo, atuou como jornalista e político. Membro do Partido Republicano Riograndense, dirigiu o jornal *A Federação* de 1884/1889, onde fez propaganda das ideias republicanas. Rapidamente, tornou-se um dos principais líderes do PRR.

Em 1891, elegeu-se deputado para a Assembleia Constituinte, destacando-se por se opor a Rui Barbosa no capítulo que versava sobre a discriminação de rendas, defendendo os pequenos estados da federação. Nesse mesmo ano redigiu, praticamente sozinho, a Constituição do Estado do Rio Grande do Sul. Inspirava-se fortemente no positivismo e garantia ao governante os meios legais de implementar a política de inspiração positivista. Foi a primeira constituição estadual

da república a ser concluída e serviu de base para diversas outras no país, disseminando assim seus ideais. Embora tida autoritária, pretendia implementar, no caráter do regime republicano, aspectos racionais baseados na História e na Ciência a fim de superar aspectos populares ou metafísicos.

Em 15 de julho de 1891, é eleito presidente do estado do Rio Grande do Sul e foi deposto em novembro, em decorrência do Golpe de 3 de Novembro. Pouco mais de um ano depois, disputa nova eleição (sem concorrentes) e volta ao antigo posto. Sua posse ocorreu em 25 de janeiro de 1893. Nesse mesmo ano, contém a Revolução Federalista, de tendência parlamentarista e liderada por Gaspar Silveira Martins.

Morreu prematuramente em Porto Alegre, em 24 de outubro de 1903, com câncer na garganta. A última casa em que viveu foi adquirida pelo governo do Estado em 1905 e ali se instalou o Museu Júlio de Castilhos, no centro de Porto Alegre. Foi também homenageado na capital gaúcha com a construção de um grande monumento na Praça da Matriz e foi eleito *Patriarca do Rio Grande do Sul.*

O chamado castilhismo consolidou-se como corrente política e teve voz ativa por cerca de quarenta anos, principalmente no Rio Grande do Sul, mas também no restante do Brasil.

Luís Norton Barreto Murat

Nasceu em Resende, em 4 de maio de 1861, filho de Thomas Norton Murat e Antônia Barreto Norton Murat. Após concluir os estudos no Colégio Pedro II, segue para São Paulo e matricula-se na Faculdade de Direito, bacharelando-se

em 17 de março de 1886. Iniciou a sua carreira literária em 1879, em São Paulo, no *Ensaio Literário*. Mudou-se para o Rio de Janeiro onde passou a atuar como jornalista, utilizando, às vezes, o pseudônimo Franklin.

Publicou seu primeiro livro de poesias, *Quatro Poemas*, em 1885. Juntamente com Arthur Azevedo, fundou o jornal *Vida Moderna,* no qual participara, entre outros, Raul Pompéia.

Jornalista combativo, apoiou as campanhas abolicionistas e republicanas, escreveu também para o jornal *Cidade do Rio*, *A Rua*, *O Diário Ilustrado*, *O Combate* e outros jornais cariocas.

Em janeiro de 1890, publicou o poema *A Última Noite de Tiradentes*, na *Gazeta de Notícias*. Nesse ano foi eleito deputado federal pelo Rio de Janeiro e atravessou várias legislaturas. Foi secretário-geral do Governo fluminense e escrivão vitalício da Provedoria da capital federal. Em 1891, participou da Assembleia Constituinte, mas se recusou a assinar a Constituição, considerando-a um mero plágio da Constituição americana.

Se opõe ao Presidente Floriano Peixoto e, por isso, recebeu um mandato de prisão, mas a imunidade parlamentar impede que seja preso. Foi, então, para o jornal *O Combate* e atacou violentamente o presidente. Em setembro de 1893, foi um dos intermediadores da publicação em seu jornal do manifesto do Almirante Custódio de Melo, que resultou na Revolta da Armada. Permanece a bordo de um navio rebelde da esquadra e precisou se exilar fora do país por um longo tempo. Ao sentir que havia ocorrido o desvirtuamento da revolução, retorna ao Brasil e é preso. Depois de julgado, no Paraná, é absolvido, por unanimidade.

Em 1895, publica *Ondas,* em 1902, 2ª série; o poema *Sarah,* em 1910; *Ondas,* 3ª série; em 1917, *Poesias Escolhidas* e em 1920, *Ritmos e Ideias*. Em 1897, foi fundador da cadeira nº 1 da Academia Brasileira de Letras. Faleceu a 3 de julho de 1920, no Rio de Janeiro.

Quintino de Lacerda

Nasceu escravo em Itabaiana, Sergipe, em 06 de junho de 1839. Vendido para São Paulo, foi escravo de Antônio de Lacerda Franco, de quem conquistou a amizade, ganhou a liberdade e herdou seu sobrenome. Mais conhecido como Tintino, foi escolhido para administrar o Quilombo do Jabaquara, em Santos, com mais de 10 mil moradores, a quem dava trabalho e exigia respeito à sua liderança. Segundo Evaristo de Moraes, em *A Campanha Abolicionista:*

> *"Quintino era homem de prestígio suficiente para manter no trabalho aquelas criaturas cheias de ódio (...)".*

Tinha grande ascendência sobre os quilombolas e mantinha relacionamento próximo com membros da elite paulista. O negro pai Adão foi um dos seus grandes assistentes e protetores na chefia dos quilombolas.

Como o quilombo dependia do paternalismo da sociedade santista – desde o fornecimento de mantimentos, inserção dos fugitivos num trabalho assalariado e numa convivência pacífica – ele lidava com o patronato de forma ambígua, às vezes defendia os interesses das elites, outras do povo, em um jogo político onde tentava reverter para si as vantagens dessas relações a que eram submetidos.

Antonio Augusto Bastos recorda-se dele em O *Estado de S. Paulo,* em 1926, na reportagem *Inquérito Histórico Sobre a Abolição Entre os Abolicionistas Vivos:*

> *"Quintino de Lacerda, ex-cozinheiro do atual senador Lacerda Franco – o Totó Lacerda, já nesse tempo um dos chefes republicanos -, era o encarregado de governar o quilombo do Jabaquara e o fazia de forma a manter perfeitamente a disciplina em seus domínios. No Jabaquara se acoutavam alguns milhares de foragidos. A polícia e os célebres capitães-do-mato nunca se atreveram a transpor os domínios de Quintino de Lacerda, para de lá arrancar os foragidos".*

O *Diário de Notícias,* de São Paulo, em 15 de maio de 1888, traz o depoimento de Américo Martins dos Santos:

> *"Quintino de Lacerda foi um negro valente, o dominador do Jabaquara. Prezo-me de o ter descoberto, de lhe ter dado a mão, e, hoje, de venerar a sua memória. Orgulho--me de ter sido um dos contribuintes, o maior e mais devotado, para a manutenção do Jabaquara, e o meu*

amor por aquele reduto de liberdade era compreendido pelos quilombolas defendidos por Quintino de Lacerda, que sentiam por mim a maior simpatia. Quintino de Lacerda possuía um cavalo branco e nele subia a serra, à noite, para encontrar partidas de negros fugidos, que vinham em demanda do quilombo do Jabaquara. Às vezes, sem que eu esperasse, ele aparecia em minha casa, altas horas da noite, em busca de recursos para depois subir a serra e socorrer os fugitivos, que chegavam quase nus e famintos. Muitas vezes, ele, com sua gente, enfrentou na estrada de São Paulo os capitães-do-mato que pretendiam prender os fugitivos, e Quintino, que era valente com as armas, os fazia fugir, para não serem trucidados. Tenho a satisfação de lembrar, agora, que fui eu a comprar um trem de carroças, pela quantia de 14 contos, que ofereci a Quintino de Lacerda, para que ele pudesse trabalhar, ganhar algum dinheiro, e continuar sendo útil à causa, contribuindo para a manutenção do Jabaquara".[41]

Foi inspetor de quarteirão, administrador da Limpeza Pública Municipal e trabalhou como cozinheiro de Antônio Lacerda França e na firma Lacerda & Irmãos.

Silva Jardim, dele dizia:

"[um] bom preto [que] tornara-se garantia de ordem para a cidade, exercia o cargo de inspetor de quarteirão e era como tal muito estimado (...)Tinha todas as qualidades físicas de chefe, era modesto, gastava com os seus suas economias, era humilde, era bom pai e amava sua companheira (...) Prova que mérito mesmo intelectual não está

[41] Américo Martins, abnegado abolicionista, comprometeu quase totalmente a fortuna que então possuía, chegando mesmo a dificuldades, mais tarde, em consequência do gasto excessivo que fizera nas duas campanhas.

só com os letrados; porque ele vira clara a sua missão, excelente negro! Demonstração palpável de que sua raça podia produzir tipos dignos".

Como inspetor de quarterão, em 1889, para defender Benjamim Fontanal, proprietário de terras no Jabaquara, enfrentou o pardo Nicolau José Ferreira armado de uma faca, que tinha sido despejado por Benjamim por falta de pagamento, saindo ambos feridos. Nicolau acabou condenado.

No inquerito, uma testemunha relatou:

"no dia 10 do corrente [dezembro de 1888] de quatro horas da tarde, ao sair o suplicante da casa de negócios Joaquim Queiroz no caminho do Monte Serrat encontrou Nicolau de Tal, homem de cor, casado, morador nesta cidade, de profissão trabalhador, que entre injúrias, ameaçou o suplicante com uma faca[...] tentou matá-lo, alcançado o golpe sobre as costas do suplicante, no que foi obstado por Quintino de Lacerda".

Esteve envolvido em outro caso policial. O morador do Jabaquara, Felippe José dos Santos, em 20 de agosto de 1889, tentou dar uma surra em João Francisco de Paula, sob

as ordens de Quintino, que atendia a um pedido do amigo, o negociante Américo Martins dos Santos – abolicionista, de tradicional família santista – inimigo assumido da vítima e que indicou o nome de Quintino para administrar o Quilombo do Jabaquara.

O policial Benedicto Ferreira Costa testemunhou que:

> *"indo pela Rua da Alfândega viu o queixoso [...] correr atrás do delinquente e derrubando-o deu-lhe socos, quando ele, informante encontrando-se com Quintino, este lhe disse que nada era, mas, apesar disso, dirigiu-se para o local do conflito, que deu-se na Rua de São Francisco e Rua Braz Cubas, e aí chegando interveio para apaziguar o conflito e ajudou na prisão do delinquente que veio para o quartel".*

Em depoimento à polícia, Felippe diz que havia esperado João Francisco de Paula e Silva,

"porque tinha ordem de Quintino de Lacerda[...] para dar de chicote no mesmo [...] bem como o revólver que lhe fora dado por Quintino para que com ele se defendesse no caso de ser agredido".

Quintino prestou um depoimento, negando ter relações com o acusado e que lhe tivesse incumbido de coisa alguma, muito menos lhe emprestado chicote e revólver. Sem provas de terem sido os mandantes, ele e Américo Martins não foram indiciados.

Segundo Carlos Victorino, em sua obra *Santos Reminiscências*:

> *"A data de 13 de Maio de 1888, foi recebida com a maior pompa possível. De cada casa, soltavam ao ar centenas de foguetes. Os navios surtos no porto embandeiravam*

os mastros, músicas percorriam as ruas; o povo entusiasmado dava vivas à Lei Áurea; de Vila Mathias, lá do quilombo de pae Felippe, os libertos vinham ao Largo do Carmo, munidos de "adufes e tambaques" dançar o samba, no qual os rapazes entravam também, dançando com os pretos, na mais íntima cordialidade...".

Os quilombolas do Jabaquara, em 27 de maio de 1888, associaram-se aos festejos pela abolição. Segundo o *Diário de Santos:*

> *"Compactamente com os festejos da comissão, o grupo do Jabaquara associou-se à multidão, dando certo brilho às festas com suas danças originais".*

Quintino de Lacerda, como elemento de ligação entre os negros e a elite paulista, foi ambíguo, às vezes atendia às elites em detrimento dos negros. Mesmo assim, exercia incontestável prestígio e influência entre a população negra que, no dia 13 de maio, formou uma enorme fila para apertar-lhe as mãos, reconhecendo que deviam a ele a sua liberdade.

O *Diário de Santos* relata que uma grande multidão – entre eles estavam Silva Jardim, o Barão de São Domingos e o cônsul português –, saindo da Praça Andrada, seguiu dando calorosos vivas à princesa Regente, Joaquim Nabuco, José do Patrocínio, Antonio Bento, Santos Pereira e Quintino de Lacerda. A eles se uniu, sob o comando de Quintino de Lacerda, o Batalhão de Voluntários do Jabaquara, trazendo bandeiras brancas com datas e nomes de grandes abolicionistas mortos.

Silva Jardim ficou tão entusiasmado com as comemorações, que improvisou esta canção:

> *Isabel não teve medo,/Assim é!/Viva o senhor João*

Alfredo/Olaré!/Acabou a escravidão,/Assim é!/Viva Santos Garrafão!/Olaré!/A causa segue com tino,/Assim é!/ Viva o Lacerda Quintino!/Olaré!/E foi sem susto maior,/ Assim é!/Viva, pois o major!/Olaré!

No sexto dia de comemorações da Lei Áurea, em Santos, Quintino de Lacerda foi condecorado (medalha que se vê no desenho de Quintino, estampada neste capítulo). Comovido, quase sem poder falar, agradeceu em breves palavras "*as tamanhas honras de que não era merecedor*".

O *Correio de Santos* informava que:

> "*diversos cavaleiros, tendo resolvido entregar aos ilustres abolicionistas Quintino de Lacerda e J. Theodoro dos Santos Pereira dois relógios, que denotassem o reconhecimento popular dos serviços prestados por esses distintos trabalhadores à causa da abolição, obtiveram por subscrição quantia que excede muito ao custo dos ditos relógios*".

O povo, por intermédio de Martim Francisco (3º), lhe entregou um relógio de ouro com a inscrição: "*Lei de 13 de maio de 1888. Homenagem popular ao abolicionista Quintino de Lacerda*". O *Correio Paulistano* noticia que os dois abolicionistas, além dos relógios, receberiam "*duas medalhas de ouro com diversas inscrições e monogramas*".

Silva Jardim participa de um jantar na casa de Quintino de Lacerda e relata:

> "*Uma tarde jantamos em casa de Quintino de Lacerda, que lhes apresento, como um preto inteligente e honrado, no quilombo do Jabaquara, que os convido a visitar. Vamos por aqui, caminho da Vila Mathias; há bonde. Depois, seguiremos a pé, por este trilho. Aqui já não se*

ouve o ruído da cidade. Agora vejam esta série de casinhas, ligadas entre si, num grande barracão, precedidas de um armazém, que serve de fornecimento a todos. Em frente ao terreiro, o pátio comum, e em uma banda do caramanchão, para o descanso geral, e para a festa. Deste lado a planície, que olha a terra, deixando à margem o mar, que murmura ao longe; nestas terras estão as terras aforadas onde os pretos trabalham; deste lado a montanha, enorme, que defende o quilombo contra a cidade, no caso de ataque; um só carreiro, dificilmente transitável e sempre vigiado pelos espias do chefe, podia servir de comunicação. Vejam ali, naquela encosta, uma única habitação anterior ao quilombo, e a ele cavalaria; casa de campo de um abolicionista, palmeiras em derredor, dando ares daquele quilombo Leblon, do Seixas, no Rio de Janeiro, que avista do alto-mar, quebrando-se na praia, na Copacabana, e donde vieram flores à Princesa Isabel no dia 13 de maio[...] Era aí que, protegido pela montanha, Quintino recolhia os companheiros fugitivos, e dava-lhes trabalho. O bom preto tornara-se uma garantia de ordem para a cidade; exercia o cargo de inspetor do seu quarteirão, e era como tal estimado. Um sergipano. Como aportara àquelas plagas? Não me recordo. Fora escravo de Antonio Lacerda Franco, de quem era amigo, e que o libertara. Tinha todas as qualidades físicas do chefe; vejam este enorme corpo, esta fisionomia grande, este olhar seguro, esta barba, este aplomb. Entretanto era modesto; para nos apertar a mão e abraçar-nos era mister instância. Trabalhava e gastava com os seus as suas economias. Era pai, e amava a sua companheira. Bom homem! Prova de que o mérito, mesmo intelectual, não está só com os letrados; porque ele vira claro sua missão; excelente negro! Demonstração palpável de que a sua raça podia produzir tipos dignos que recordassem a figura respeitável dos Henrique Dias, dos Bezerra Cavalcanti, dos Luiz Gama".

Três anos após o fim da escravidão, o Jabaquara continuava marcadamente ocupado por uma população negra e Quintino de Lacerda a ser lembrado e homenageado. Ele preparou uma grande festa no Jabaquara, quando lhe foi ofertado um retrato a óleo, pitando por Benedito Calixto. O *Correio Paulistano,* de 16 de maio de 1891, noticiava:

> *"Às 11:30 horas da manhã a comissão de festejos, seguida de grande número de cavaleiros, tomou os bondes especiais, que para issso se achavam contratados, e foram todos ao legendário lugar oferecer a Quintino de Lacerda o seu retrato a óleo, trabalho de Benedito Calixto. Ali chegados houve um ligeiro copo d'água, em que se trocaram amistosos brindes, muito correspondidos. À tarde teve lugar um banquete que à comissão de festejos foi oferecido por Quintino de Lacerda, o famoso chefe do Jabaquara. Houve uma alegria indefinível nessa festa que terminou na melhor ordem, e em que os pretos dançaram o samba, a lembrar continuamente a poesia melancólica do eito. Não faltaram discursos nem brindes, sendo o brinde de honra levantado à família Lacerda, ali representada pelos pais de Quintino, por ele, por sua esposa e por seus filhos.A festa prolongou-se até alta noite".*

Quintino de Lacerda em dívida com Cândido Gaffé e Eduardo Guinle, concessionários das Docas de Santos, proprietários das terras onde estava o Quilombo de Jabaquara e da pedreira onde ele trabalhava, na greve dos estivadores de 1891, organizou os moradores do Jabaquara para furarem a greve. *O Estado de S. Paulo,* de 21 de maio de 1891, relata:

"Querendo pôr um termo definitivo na greve, a digna autoridade [o chefe de polícia], de combinação com vários negociantes mandou chamar o popular e estimado cidadão Quintino de Lacerda, chefe do ex-quilombo do Jabaquara, que lhe constava dispor de uma boa turma de trabalhadores. De fato esse cidadão comprometeu-se a arregimentar para o serviço de embarque hoje [19 de maio de 1891], cerca de oitenta cidadãos, ganhando o mesmo salário dos grevistas".

O mesmo jornal, no dia 22 de maio de 1891, noticiava:

"Quintino de Lacerda apresentou para o trabalho do embarque 70 homens. Imediatamente começaram eles a carregar café para o vapor Ville Buenos Ayres, atracado na ponte Leubá, mas logo que deram princípio à tarefa vários grevistas tentaram opor-se ao serviço encetado. O Sr. Alferes Souza, que comandava uma força de 50 praças ali destacadas, deu-lhes voz de prisão, mandando-os conduzir para a cadeia. Até a hora do almoço foi esse vapor o único carregado. Em vista da atitude da polícia, foram pouco a pouco chegando ao serviço mais trabalhadores de Quintino e antigos carregadores de prancha que não haviam aderido à greve".

O *Correio Paulistano*, de 22 de maio de 1891, informava:

"Estão organizados pelo cidadão Quintino de Lacerda, turmas de homens de cor que deviam pegar ontem no serviço [...] Quintino de Lacerda forneceu um número de trabalhadores capazes de manter relativamente uma boa cifra de embarque, tanto que, apesar de tudo, foram ontem embarcadas cerca de 10 mil sacas de café[...] Assim, por mais incompleto que tenha sido, o mais completo desses

diversos ramos de exportação do café foi o que pertence à quarta seção, o trabalho da prancha. Foi ele quase todo desempenhado por gente nova, pelos trabalhadores arranjados por Quintino de Lacerda, que desenvolveu uma grande atividade e trata de arranjar o maior número possível de homens".

O *Estado de S. Paulo* descreve o discussão de Quintino com o tenente da Marinha e deputado constituinte pelo Partido Operário do Rio de Janeiro, José Augusto Vinhaes, que tinha vindo a Santos para servir como mediador e terminou por apoiar os grevistas.

"[Vinhaes] Dirigindo-se aquele chefe abolicionista com a arrogância pedantesca de que nunca se despiu desde que pisou terra santista, supondo isto aqui uma localidade atrasada de sertão, e perguntou-lhe se na verdade estava ele incumbido de pôr um terno de trabalhadores substituindo os grevistas recalcitrantes. Quintino respondeu-lhe com a sua habitual delicadeza que assim era, o que deu em resultado o Sr. Vinhaes ameaçá-lo em represálias se tal fizesse, e decompô-lo de negro e safado para cima. Quintino reagiu contra os insultos e o desordeiro avançou então para o cidadão Affonso de Vergueiro que se levantou para segurá-lo, sendo este obstado a isso por várias pessoas que o agarraram. Prorrompeu o maluco do tenente Vinhaesem impropérios contra as pessoas presentes, que eram muitas, chamando as quindams, e contra o valente chefe abolicionista. Então o redator-principal desta folha observou-lhe que era deputado paulista e que estávamos em terras paulistas, e que, portanto, não permitia que se insultasse Quintino de Lacerda, que é uma de nossas mais brilhantes tradições na história do abolicionismo. O Sr. tenente respondeu-lhe que não se referia à sua pessoa, e

diante da grande massa de povo que invadira o estabelecimento, e que estacionava na rua, continuou [...] a insultar asperamente a Quintino. O histórico chefe do ex-quilombo do Jabaquara, tomado de uma cólera tremenda que lhe agitou todo o corpo e lhe chamou lágrimas nos olhos, cresceu para o tenente Vinhaes, mas foi cercado de pronto por um grupo de amigos que não o deixou sair. O tenente, vendo aquele musculoso negro decidido a pegá-lo, escafedeu-se repentinamente por entre a compacta multidão".

Quando da Revolta da Armada, a mando de Bernardino Campos, organizou e comandou o *Batalhão* Silva *Jardim,* contra uma possível invasão de tropas rebeldes. Maria Tereza, ex-moradora do Jabaquara, em *A Tribuna de Santos*, de 26 de janeiro de 1939, relata: "*Quando rebentou a revolta do Floriano, o coronel Quintino de Lacerda, o 'interventô' do Jabaquara naquele tempo, formou um batalhão , que seguiu para a ponte do Casqueiro, aguardar o inimigo. (...)*". Recebeu, em reconhecimento, o título de Major Honorário da Guarda Nacional, em 1893.

Em 1895, foi o 3º vereador mais votado em Santos e o primeiro vereador negro do Brasil. A Câmara Municipal negou dar-lhe posse, Quintino recorre aos tribunais, prevendo o desfecho em favor do líder negro, então o presidente da Câmara, Manoel Maria Tourinho, renunciou ao mandato, seguido pelo vereador Alberto Veiga. O novo presidente José André do Sacramento Macuco é obrigado a empossá-lo, mas renuncia em seguida, declarando-se "*enojado com o que via*". Apenas um dos inimigos de Quintino permaneceu na Câmara, embora não mais comparecesse às sessões, Olímpio Lima, diretor do jornal *A Tribuna do Povo*.

Esse jornalista era parlamentarista e opositor ferrenho

ao governo do presidencialismo e do governador de São Paulo, Bernardino Campos, que apoiara e patrocinara a candidatura de Quintino. Em 10 de abril de 1895, o seu jornal, entre outras acusações, denunciava o governo de: *"atirar a sufrágio universal o nome de um indivíduo irresponsável e analfabeto, que o próprio nome não sabe assinar"*. O que, pelo que sabemos, era verdade, Quintino era anafalbeto, pois vimos que no depoimento à polícia consta que não sabia assinar o nome. Em 20 de abril, um grupo de negros invade e destrói o jornal *Tribuna o Povo,* a suspeita geral é que eles estavam a mando de Quintino.

As atividades da Câmara foram suspensas até 1º de junho, quando voltou a funcionar, sob a presidência interina do próprio Quintino. No dia 16, Quintino propõe e obtém, por unanimidade, a cassação de Olímpio Lima que, inconformado, voltou à Câmara a 12 de julho, mas é solicitado a retirar-se. Lima, em seu jornal, inicia ataques violentos contra Quintino e a Câmara, que terminaria com a revogação da Constituição Municipal.

Em agosto de 1898, Quintino era administrador de limpeza pública, quando morreu em 10 de agosto de 1898, de ataque cardíaco, aos 43 anos, na rua São Bento nº 72, no bairro do Jabaquara, onde morava. Quintino levou uma vida bastante confortável e morreu relativamente rico, deixando extensa lista de bens, incluindo um pequeno tesouro amealhado em joias de ouro e moedas de prata.

Saindo o féretro do Jabaquara, às três horas da tarde, em bonde especial, sob a guarda do Corpo de Bombeiros, coberto pelo pavilhão nacional, membro da Irmandade de São Benedito, foi sepultado no jazigo da irmandade no Cemitério do Paquetá, depois de exposto na Igreja Matriz, até as cinco horas da tarde. Seu enterro foi acompanhado por grande número de pessoas. Segundo o jornal *A Tribuna do Povo*, de 12 de agosto de 1898, o funeral ocorreu com "*uma alta significação[...] demonstrando o alto grau de estima em que era tido pelo população de Santos*". O *Diário de Santos* informava que todos queriam prestar homenagem àquele que dedicara "*sua existência afanosa e útil em prol de todas as causas justas, liberais e humanitárias*". Deixou órfãos três filhos: Alzira, com 13 anos; Arcelino, com 12 anos e Sabina, com 7 anos. Sua esposa, Maria Isidora de Sousa, havia falecido em 20 de agosto de 1897.

Foi erguido na cidade de Santos, monumento ao Coronel Quintino de Lacerda, patente outorgada postumamente pelo Presidente Marechal Deodoro da Fonseca. Em Itabaiana foi homenageado com o nome de uma rua e proclamado pela câmara, *Herói Negro de Itabaiana*, considerando 8 de junho, como o Dia Municipal de Luta da Consciência Negra em 20 de setembro de 2001. Todo dia 13 de maio, a prefeitura de Santos entrega a medalha Quintino de Lacerda às pessoas que se destacaram para a integração racial.

Raul d'Ávila Pompéia

Filho de Antonio D'Ávila Pompéia e de Rosa Teixeira Pompéia, nasceu em Angra dos Reis, em 21 de abril de 1863. Ainda menino mudou-se com a família para o Rio de Janeiro. Matriculado no internato do Colégio Abílio, onde redigia o jornalzinho *O Archote*, distinguiu-se como aluno estudioso e caricaturista. Prosseguiu seus estudos no Colégio Pedro II, onde distinguiu-se como orador e publicou em 1880 seu primeiro romance, *Uma Tragédia no Amazonas*. Em 1881,

O escritor Raul Pompéia (1863-1895)

matriculou-se na Faculdade de Direito de São Paulo, participando das correntes materialistas e positivistas, que visavam fundamentalmente à abolição da escravidão e à República.

Ligou-se a Luís Gama e participou intensamente das agitações estudantis. Escreveu em jornais de São Paulo e do Rio de Janeiro, em geral usando o pseudônimo *"Rapp"*, um dos muitos que adotaria: Pompeu Stell, Raul D., Raulino Palma, etc. Em 1882, na *Gazeta de Notícias,* escreve a novela *As Joias da Coroa* e, no *Jornal do Commercio,* em 1883, os poemas em prosa *Canções sem Metro*.

Reprovado no 3º ano de direito em São Paulo, termina o curso na Faculdade de Direito de Recife. De volta ao Rio de Janeiro, em 1885, iniciou-se no jornalismo profissional escrevendo crônicas, folhetins, contos. Integrava as rodas boêmias e intelectuais e, aos poucos, impôs-se como escritor.

Em 1888, inicia a publicação, na *Gazeta de Notícias,* de *O Ateneu* que, em 7 de abril de 1888, sai em formato de livro, o que lhe dá a consagração definitiva como escritor.

Após a Lei Áurea, dedica-se à campanha republicana. Nesta época, colaborava em *A Rua* e no *Jornal do*

Commercio. Proclamada a República, foi nomeado professor de mitologia da Escola de Belas Artes e diretor da Biblioteca Nacional. Exaltado nativista, torna-se "*florianista*", crente que seu militarismo constituía a defesa da pátria, em oposição aos intelectuais do seu grupo, como Pardal Mallet e Olavo Bilac. Por ter feito um inflamado discurso junto à tumba de Floriano Peixoto, em 1895, é demitido da Biblioteca Nacional. Rompido com os amigos, caluniado em artigo de Luís Murat, sentindo-se desdenhado e abandonado, na noite de 25 de dezembro de 1895, no Rio de Janeiro, suicida-se com um tiro no peito, no escritório da casa onde morava com a mãe.

Santos Garrafão

José Theodoro Santos Pereira, conhecido como *Santos Garrafão*, por ser grande, grosso e de ventre protuberante; acolhia escravos em uma destilaria. Ele era branco, amigo de Quintino de Lacerda, a quem admirava a sua brandura, vivia maritalmente com a ex-escrava Brandina Fiúsa e mantinha um quilombo na Ponta da Praia.

Antonio Augusto Bastos, em O *Estado de S. Paulo,* em 1926, na reportagem *Inquérito Histórico Sobre a Abolição Entre os Abolicionistas Vivos,* lembrava:

> *"Entretanto, esses obscuros homens do povo eram a alma da grande cruzada da libertação dos escravos em São Paulo. Santos Garrafão sacrificou tudo o que possuía. Os gêneros de sua casa de negócio sustentaram por muito tempo os escravos fugidos, acoutados no Jabaquara, acabando ele por sair pelas ruas da cidade, angariando gêneros e roupas para essa gente(...)".*

Em depoimento no *Diário*, de Santos, Júlio Conceição relembra:

> *"Participante que fui da gloriosa campanha, orgulho-me de haver concorrido com serviços materiais e morais e auxílios pecuniários, para a vitória do ideal comum, ao lado de inolvidáveis trabalhadores da causa, ao lado de Santos Garrafão, o português José Teodoro dos Santos Pereira, grande e destemido elemento da Abolição em Santos, o qual tinha seu pequeno escritório em espaço que lhe cedi em meu próprio escritório comercial na Rua de Santo Antonio, então sob a razão social de Júlio Conceição & Melo, sendo por isso testemunha das grandes ações do valente paladino da liberdade dos cativos(...)".*

Seu principal papel era de elemento de ligação entre os Caifazes e seus financiadores, sempre levando bilhetes com informações, que começavam assim: "*Amigo fulano. Tenho tanto rolos de fumo para seguir, etc.*" Os rolos eram os negros arrancados das fazendas, recém-chegados a Santos e que precisavam ser enviados para outras províncias.

Ainda no *Diário*, de Santos, Júlio Conceição, relembra:

> *"Santos Garrafão se dedicou também, um ano depois, à salvação pública, na calamidade do ano seguinte, a febre amarela de 1889. Ele vivia maritalmente com a preta Brandina, afamada cozinheira que dirigia uma casa de pasto de propriedade de ambos, onde hoje é a Praça da República, na antiga Rua Setentrional, muito procurada por toda gente daqui e de fora, a qual se tornou o braço direito de Garrafão e de todos os cabos abolicionistas, no socorro aos negros, aos quais fornecia comida, fumo e remédios, olhando por todos eles como uma verdadeira mãe".*

Brandina era dona de uma pensão na rua setentrional, hoje Praça da República, e usava o ganho do seu trabalho para dar comida, fumo, remédios aos negros refugiados e ainda ajudava os escravos doentes internados na Santa Casa de Misericórdia. O casal era considerado o braço direito de Antonio Bento em Santos e Brandina era uma das figuras mais queridas entre os negros da Baixada Santista.

BIBLIOGRAFIA

ALMEIDA, Ana Maria de. *Imprensa Periódica como fonte para a História do Brasil*, Anais do V Simpósio Nacional dos Professores Universitários de História. São Paulo, 1971.

AZEREDO, Elciene. Antonio Bento, Homem Rude do Sertão: Um Abolicionista nos meandros da Justiça e da Política, artigo da revista de história *Locus*. Juiz de Fora: 2007.

O Direito dos Escravos: Lutas Jurídicas e Abolicionismo na Província de São Paulo na Segunda Metade do Século XIX, Tese de doutorado na Universidade Estadual de Campinas-SP.

BRANDÃO, Marco Antonio Leite, *Abolição da Escravidão nos Campos de Araraquara (SP):* Notas de Pesquisa, Núcleo de História, ONG Ramudá.

CASTELLANI, José. *Os Maçons que fizeram a História do Brasil,* 2ª ed. São Paulo: A Gazeta Maçônica.

FRANCISCO, Renata Ribeiro. Periodização e Práticas Antiescravistas na Cidade de São Paulo (1850-1871), Sankofa – *Revista de História da África e de Estudos da Diáspora Africana.*

MAGALHÃES FILHO, Francisco de B. B. de. *História Econômica.* 9ª ed. São Paulo: Saraiva, 1983.

MOURA, Clóvis. *Dicionário da Escravidão Negra no Brasil*, 2004, São Paulo: Edusp – Editora da Universidade de São Paulo.

PÍCOLI, Mariana de Almeida. *Ideais de Liberdade na Cena Política Capixaba:* O Movimento Abolicionista em Vitória (1869/1888), dissertação apresentada ao Programa de Pós-graduação em História Social das Relações Políticas do Centro de Ciências Humanas e Naturais da Universidade Federal do Espírito Santo.

PINTO, Ana Flávia Magalhães. *Lutas Políticas, Trabalho e Moradia:* Negros Livres na Sé de São Paulo no Pós-Abolição.

RIBEIRO, Luaê Carregari Carneiro. *Uma América em São Paulo:* A Maçonaria e o Partido Republicano Paulista (1868-1889), dissertação apresentada ao programa de Pós-graduação em História Social na Universidade de São Paulo. São Paulo: 2011.

SAMPAIO, Antonio Gomes de Azevedo. *Abolicionismo*, São Paulo: Tipografia Vapo Louzada & Irmãos, 1890.

Editora Maçônica

A TROLHA

Redação, Diagramação,
Composição, Revisão, Arte-Final.

Rua Castro Alves, 264 – Jd. Shangri-lá A
Fone: (43) **3337-1982** – Fax: (43) **3326-0915**
CEP 86070-670 – Londrina – Paraná

Home Page: http://www.atrolha.com.br
E-Mail: redacao@atrolha.com.br

ANOTAÇÕES